Lucius Annaeus Seneca, geboren um 4 v. Chr. in Córdoba (Spanien), nahm sich im April 65 n. Chr. in der Nähe von Rom auf Befehl Kaiser Neros das Leben.

Seneca war beliebt, als Schriftsteller wie als Politiker. Nur einem stand er im Wege: dem römischen Kaiser Nero, um dessen Erziehung er sich auf Wunsch seiner Mutter Agrippina bemüht hatte. Seine Philosophie wurde durch die Stoa geprägt, aber auch durch deren Antipoden Epikur. Der praktisch orientierte Philosoph Seneca war einer der großen Seelen- und Menschenkenner.

Eine jede seiner Abhandlungen enthält so viele feinsinnige und bedenkenswerte Überlegungen, so viele zeitlose Einblicke in die Psyche des Menschen, daß man sie ohne weiteres im ganzen lesen könnte. Hier aber sind überschaubare, in sich geschlossene Abschnitte aus Senecas Essays zusammengestellt, die rasch zu lesen sind und reichlich Anlaß zum Nachdenken geben. Texte, die jeden von uns angehen und gewiß manchem zu helfen vermögen. Die Beschäftigung mit Seneca hat geradezu heilende Wirkung, und so ist der Band *Seneca für Gestreßte* eine Art Medizin, die all jenen guttun wird, die dergleichen brauchen.

insel taschenbuch 1940
Seneca für Gestreßte

So, Ihr Lieben, nun habe ich keinen Stress mehr und ich kann Euch dieses Werk überlassen.
Im Ozean leben heißt schwimmen! (nach der Rhein-Wanderung 2004)

Seneca für Gestreßte

Ausgewählt von Gerhard Fink

Insel Verlag

CAROLO BAVARO
IN MEMORIAM
CURSUS XX ANNORUM

insel taschenbuch 1940
Erste Auflage 1997
Insel Verlag Frankfurt am Main und Leipzig

Lizenzausgabe mit freundlicher Genehmigung
der Artemis Verlags-AG, Zürich
Hinweise zu dieser Ausgabe am Schluß des Bandes
Vertrieb durch den Suhrkamp Taschenbuch Verlag
Umschlag nach Entwürfen von Willy Fleckhaus
Satz: MZ-Verlagsdruckerei GmbH, Memmingen
Druck: Nomos Verlagsgesellschaft, Baden-Baden
Printed in Germany

4 5 6 – 02

Inhalt

Du und dein Leben

Wege zum Glück

Vom rechten Planen und Handeln

Allerlei Besitz

Mensch unter Menschen

Sich selbst besiegen …

Mit allem rechnen

Freundschaften, Feindschaften

Vermeidbare Fesseln

Gib acht!

Du und dein Leben

Nimm's nicht zu ernst!

Glaube mir, unerheblich ist, weswegen wir uns so heftig erhitzen, gleich dem, was Kinder zum Raufen und Streiten treibt: Nichts von dem, was wir so bitter ernst nehmen, ist schwerwiegend, nichts bedeutend! *(Der Zorn III 34)*

Memento Mori!

Du bist beschäftigt; das Leben entflieht, der Tod ist schon zur Stelle, für den du, ob du nun willst oder nicht, dir Zeit nehmen mußt. *(Die Kürze des Lebens 8)*

Vom Wert der Zeit

Ich wundere mich regelmäßig, wenn ich irgendwelche Leute sehe, die um ein Zeitopfer bitten, und wenn die darum Gebetenen es willig bringen. Darauf achten beide, warum man es will, auf die Zeit selbst aber keiner, gleich als würde nichts erbeten, als würde nichts gegeben. Mit dem Allerkostbarsten geht man leichtfertig um und merkt es nicht einmal, weil es nichts Gegenständliches ist, weil es nicht ins Auge fällt und deshalb als ganz wohlfeil gilt, ja fast wertlos ist.

Regelmäßige Einkünfte und außerordentliche Spenden beziehen die Leute sehr gern und verwenden darauf Mühe, Anstrengung und Sorgfalt. Doch niemand weiß die Zeit zu schätzen; sie gehen mit ihr ziemlich großzügig um, gleich als gäbe es sie umsonst. Aber sieh dir dieselben Leute nur an, wenn sie krank sind, wenn ihr Zustand bedrohlich und der Tod ganz nahe ist, wie sie da die Kniee der Ärzte umklammern, wenn es sie vor dem letzten Gang graut, und sie all ihre Habe, nur um am Leben zu bleiben, zu opfern bereit sind! Derart widersprüchlich ist ihre Gemütsverfassung!

Könnte man aber so, wie sich bei einem jeden die Zahl der vergangenen Lebensjahre angeben läßt, auch die der noch vergönnten nennen, wie würden dann diejenigen, die nur wenige übrig sähen, in Panik geraten, wie würden sie sparsam mit ihnen umgehen! Allerdings ist es leicht, mit noch so geringen Mengen hauszuhalten, wenn man sich ihrer sicher sein darf. Das muß noch peinlicher bewahrt werden, von dem man nicht weiß, wann es zu Ende geht.

(Die Kürze des Lebens 8)

Leben will gelernt sein

Alle Welt ist sich darin einig, daß ein Mensch nichts vernünftig ausüben kann, wenn er gestreßt ist, nicht die Kunst der Rede und nicht die anerkannten Fachwissenschaften, da er bei seiner Zerfahrenheit nichts tiefer in sich aufnehmen kann, sondern alles, als hätte man es ihm eingetrichtert, wieder von sich gibt. Nichts versteht ein gestreßter Mensch weniger als zu leben, nichts ist schwerer zu erlernen.

Lehrer für andere Wissensgebiete gibt es allenthalben in großer Zahl, und manche von ihren Lehren scheinen tatsächlich bereits Kinder so in sich aufgenommen zu haben, daß sie sie weitergeben könnten. Leben muß man das ganze Leben lang lernen, und, worüber du vielleicht noch mehr staunst, das ganze Leben lang muß man lernen zu sterben.

So viele große Männer haben alles, was sie abhielt, hinter sich gelassen, indem sie dem Reichtum, den Verpflichtungen, den Vergnügungen entsagten und sich bis ans Ende ihres Lebens darum bemühten, mit Verstand zu leben. In ihrer Mehrheit aber schieden sie mit dem Geständnis aus dem Leben, sie könnten es noch nicht. Wie sollten sich dann Durchschnittsmenschen darauf verstehen!

Von Größe, das glaube mir, und einem über menschliche Irrtümer erhabenen Sinn zeugt es, wenn ein Mensch sich nichts von seiner Zeit wegnehmen läßt; deshalb ist sein Leben auch sehr lang, weil es in seiner ganzen Ausdehnung ihm selbst zur Verfügung stand. Nichts davon wurde vernachlässigt oder blieb unbeachtet, nichts unterlag fremder Bestimmung; er fand nämlich nichts so Wertvolles, daß er es gegen seine Zeit eingetauscht hätte, über die er höchst sorgsam wachte. So hat sie ihm auch gereicht. Denen aber muß sie zwangsläufig fehlen, aus deren Leben alle Welt viel fortgenommen hat. *(Die Kürze des Lebens 7)*

Lebe sogleich!

Kann denn etwas törichter sein als die Einstellung bestimmter Menschen? Ich spreche von denen, die sich mit ihrer Klugheit brüsten. Die sind nur noch hingebungsvoller beschäftigt. Um besser leben zu können, richten sie ihr Leben auf Kosten ihres Lebens ein. Sie denken und planen auf lange Sicht; doch man verliert am meisten von seinem Leben durch Aufschub. Der nimmt einen Tag nach dem andern weg, der raubt uns die Gegenwart, indem er uns Hoffnung auf Künftiges macht.

Das größte Lebenshemmnis ist das Warten, das sich ans Morgen klammert und das Heute verliert. Was in der Hand des Schicksals liegt, das verplanst du, was du selbst in der Hand hast, das läßt du fahren! Worauf starrst du? Wonach reckst du dich? Alles, was kommen soll, liegt im Ungewissen. Los, lebe sogleich! *(Die Kürze des Lebens 9)*

Dreifach ist der Schritt der Zeit ...

In drei Zeitspannen zerfällt das Leben, in Vergangenheit, Gegenwart und Zukunft. Davon ist die Zeit, die wir gerade durchleben, vergänglich, die, die wir noch zu leben haben, ungewiß und nur die, die wir durchlebt haben, uns sicher. Sie ist es nämlich, über die das Schicksal seine Macht verloren hat, die nie wieder in jemands Ermessen gestellt werden kann.

Die verlieren gestreßte Menschen, denn sie haben nicht die Zeit, auf Vergangenes zurückzublicken, und sollten sie sie haben, dann ist ihnen die Erinnerung an das unangenehm, was sie bereuen müßten. Nur ungern denken sie also an schlecht verlebte Zeiten zurück und haben nicht den Mut, sich noch einmal mit dem zu befassen, dessen Mängel – und zwar auch die, die irgendein verführerischer Reiz im Augenblick des Genusses unbemerkt bleiben ließ – bei erneuter Betrachtung ans Licht kommen. Nur wer all sein Tun mit der kritischen Selbstkontrolle verfolgt hat, die sich nie täuschen läßt, wendet sich gern wieder Vergangenem zu. Der aber, der vieles ehrgeizig erstrebt, stolz verachtet, leidenschaftlich durchgesetzt, listig erschlichen, gierig an sich gerissen, leichtfertig verschleudert hat, muß zwangsläufig sein eigenes Gedächtnis fürchten.

Und doch hat dieser Teil unserer Lebenszeit eine heilige Weihe, ist erhaben über alles, was Menschen widerfahren kann und der Macht des Schicksals entzogen, da ihn nicht Not, nicht Angst, nicht der Ansturm der Krankheiten berührt. Er kann nicht verwirrt und nicht entrissen werden. Er ist unser bleibender Besitz, um den wir nicht bangen müssen. Gegenwärtig ist jeweils ein Tag, und der nur von Augenblick zu Augenblick; doch die Tage der Vergangenheit werden sich, wenn du es verlangst, allesamt einstellen und von dir nach Belieben betrachten und festhalten lassen. Dazu haben Beschäftigte freilich keine Zeit.

Es zeugt von einem sorgenfreien, ruhevollen Geist, wenn er all seine Lebensabschnitte durchwandert. Vielbeschäftigte Gemüter können sich, als wären sie ins Joch gespannt, nicht umwenden und zurückblicken. So sinkt denn ihr Leben ins Bodenlose, und so, wie es nichts hilft, wenn du auch noch so viel nachschüttest, falls drunten nichts ist, was es halten und bewahren könnte, so spielt es keine Rolle, wieviel Zeit man erhält, wenn es nichts gibt, wo sie bleiben könnte. Durch ein zerrüttetes, durchlöchertes Gemüt rinnt sie hindurch. *(Die Kürze des Lebens 10)*

Wieviel Zeit haben wir?

Zum größeren Teil, mein Paulinus, beklagen sich die Menschen heftig über die Mißgunst der Natur, weil wir nur für ein kurzes Leben geboren werden und weil so rasch, so ungestüm die uns gewährte Zeitspanne entflieht, dergestalt, daß mit Ausnahme von ganz wenigen für alle anderen inmitten der Vorbereitung auf das Leben das Leben endet.

Wir haben aber nicht wenig Zeit, wir haben viel vergeudet. Hinreichend lang ist das Leben und großzügig bemessen, um Gewaltiges zu vollbringen, würde man es im Ganzen nur richtig investieren. Doch wenn es uns in Genuß und Nichtstun verrinnt, wenn wir es keinem guten Zweck widmen, dann wird uns erst in unserer letzten Not bewußt, daß, was von uns unbemerkt verging, vorbei ist!

So ist's: Wir erhalten kein kurzes Leben, sondern haben es dazu gemacht, und es mangelt uns nicht an Zeit, sondern wir verschwenden sie. So wie gewaltige, königliche Schätze, sobald sie in die Hände eines schlechten Herrn kommen, im Augenblick verschleudert werden, während auch ein noch so bescheidenes Vermögen, falls man es einem guten Verwalter anvertraute, arbeitet und wächst, so steht auch dem, der sie gut einzuteilen weiß, viel Lebenszeit zu Gebote.

Was klagen wir über die Natur? Sie hat sich freigebig gezeigt: Das Leben ist, wenn man es zu nutzen versteht, lang. Doch unersättlich hat den einen die Habsucht im Griff, den andern bei überflüssiger Anstrengung rastlose Geschäftigkeit, der eine ist voll von Wein, der andere döst stumpfsinnig vor sich hin, den treibt sein ewig nach dem Urteil anderer schielender Ehrgeiz bis zur Erschöpfung, jenen führt der verderbliche Drang, Handel zu treiben, durch alle Länder, alle Meere – immer in der Hoffnung auf Gewinn. Manchen läßt ihre Leidenschaft für den Krieg keine Ruhe, und stets sind sie entweder auf die Bedrohung anderer aus oder angesichts eigener in Sorge. Es gibt auch Leute, die undankbare Kriecherei bei Höhergestellten sich in selbstgewählter Sklaverei aufreiben läßt. Schon viele schlug die Begeisterung für fremde Schönheit oder die Sorge um die eigene in ihren Bann.

Die meisten aber, die kein bestimmtes Ziel verfolgen, hat ihre flatterhafte und prinzipienlose und sich selbst verhaßte Oberflächlichkeit schon von einem Vorhaben zum anderen getrieben. Manche können sich nicht entscheiden, worauf sie Kurs halten sollen, und so ereilt sie im trägen Dahindämmern der Tod, dergestalt, daß ich, was ein großer Dichter gleich einem Orakel verkündet hat, ohne Zweifel für wahr halte:
Ein kleiner Teil des Lebens ist's, in dem wir leben.
Die restliche ganze Lebenszeit ist nicht Leben, sondern nur Zeit. Es bedrängen und umringen Laster von allen Seiten die Menschen und erlauben es ihnen nicht, sich aufzurichten und den Blick zu erheben, um die Wahrheit ganz zu erfassen. Sie halten sie nieder und ketten sie an ihre Leidenschaften, und nie erlauben sie ihnen, zu sich selbst zurückzufinden. Wenn sich aber irgendwann zufällig etwas Ruhe einstellt, dann werden sie wie auf hoher See, wo auch nach dem Sturm der Wellengang noch anhält, umhergetrieben, und nie lassen sie die Begierden in Frieden.

Von denen, meinst du, rede ich, deren schlimme Lage außer Zweifel steht? Schau die an, um deren Glück man sich drängt! Sie ersticken an ihren Schätzen! Wie vielen ist ihr Reichtum eine Last! Wie vielen kosten ihre Redekunst und der krankhafte Drang, sich täglich als Talent zu produzieren, den letzten Blutstropfen! Wie viele sind blaß von dauernden Ausschweifungen! Wie viele haben keine freie Minute mehr, weil sie Klienten in Scharen umringen!

Ja, nimm sie dir nur alle vor, von den geringsten bis zu den prominentesten! Der sucht Rechtsbeistand, der gewährt ihn, der hat einen Prozeß am Hals, der ist sein Verteidiger, jener der Richter, keiner macht sich frei für sich selbst, der eine reibt sich auf für den anderen. Erkundige dich nach denen, deren Namen man sich merken muß: Du wirst sehen, sie lassen sich folgendermaßen herauskennen: Der kümmert sich rührend um diesen, der um jenen, aber keiner um sich selbst. *(Die Kürze des Lebens 1 f.)*

Lebenszeit zu verschenken!

Mögen sich alle großen Geister, die je ihr Licht leuchten ließen, in diesem Punkte einig sein – sie werden sich nie genug über eine derartige Verblendung der Menschen wundern können: Ihren Grundbesitz lassen sie sich von niemandem wegnehmen; wenn es einen geringfügigen Streit über die Art der Grenzziehung gibt, stürzen sie auseinander nach Steinen und Waffen. In ihr Leben aber lassen sie andere sich einmischen, ja, sie holen sich selbst die Leute, die künftig darüber verfügen sollen. Niemand findet sich, der sein Geld verteilen möchte – doch sein Leben, an wie viele verteilt das ein jeder!

Sie nehmen es genau damit, ihr Vermögen zusammenzuhalten; sobald es dahin kommt, Zeitopfer zu bringen, verschleudern sie mit vollen Händen das einzige Gut, mit dem zu geizen Ehre bringt.

Wie sieht die Sache also aus? Als solltet ihr ewig leben, so lebt ihr dahin; nie wird euch eure Vergänglichkeit bewußt, ihr achtet nicht darauf, wieviel Zeit schon vergangen ist, wie aus dem Vollen, aus dem Überfluß verschwendet ihr sie, während vielleicht gerade der Tag, den ihr an einen Menschen oder eine Sache verschenkt, euer letzter ist. Vor allem habt ihr Angst gleich Sterblichen, nach allem verlangt ihr wie Unsterbliche.

So will ich mir denn aus der großen Zahl der Betagteren einen herausgreifen: »Daß du bis an die äußerste Grenze eines Menschenlebens gelangt bist, sehen wir; du gehst auf die hundert zu – oder darüber. Nun denn, laß zur Schlußabrechnung dein Leben an dir vorüberziehen! Schätze, wieviel von deiner Zeit dich ein Gläubiger, wieviel eine Geliebte, wieviel ein Mächtiger, wieviel ein Klient gekostet hat, wieviel der Streit mit deiner Frau, wieviel die Zurechtweisung der Sklaven, wieviel diensteifriges Herumlaufen in der Stadt! Rechne die Krankheiten dazu, die wir uns selbst aufgeladen haben, rechne dazu auch, was ungenützt brach lag! Du wirst sehen, daß du weniger Lebensjahre vorzuweisen hast als du zählst.«

Überdenke, wann du ein klares Ziel vor Augen hattest, wie wenige Tage so vergingen, wie du es dir vorgenommen hattest, wann du dich mit dir selbst beschäftigt hast, wann deine Miene ausgeglichen, dein Herz unerschüttert war, was du in einem so langen Dasein ausgerichtet hast, wie viele sich Stücke aus deinem Leben gerissen haben, ohne daß du den Verlust bemerktest, wieviel grundloser Ärger, törichte Freude, heißes Verlangen und nette Gesellschaft dir weggenommen haben und wie wenig dir von dem Deinen geblieben ist – du wirst merken, daß du zu früh stirbst.

(Die Kürze des Lebens 3)

Mit Fünfzig fängt das Leben an?

Man hört viele sagen: »Mit dem fünfzigsten Jahr will ich mich ins Privatleben zurückziehen, das sechzigste wird mich aus allen Bindungen entlassen.« Und wen nimmst du dir zum Bürgen für ein längeres Leben? Wer wird's erlauben, daß das so, wie du es dir zurechtlegst, vonstatten geht?

Schämst du dich nicht, nur einen Lebensrest für dich zu reservieren und lediglich die Zeit für deine innere Vervollkommnung vorzusehen, die man für nichts sonst gebrauchen kann? Es ist doch zu spät, dann mit dem Leben anzufangen, wenn es aufzuhören gilt! Wie kann man so töricht seine Sterblichkeit vergessen, daß man bis ins fünfzigste oder sechzigste Lebensjahr vernünftige Vorhaben aufschiebt und an einem Punkt sein Leben beginnen will, den nur wenige erlebt haben! *(Die Kürze des Lebens 3)*

Entspannung braucht der Mensch

Man sollte sich Entspannung gönnen; leistungsfähiger und lebhafter werden wir uns nach einer Ruhepause erheben. Wie man fruchtbare Felder nicht überfordern darf – rasch nämlich erschöpft sie eine ununterbrochene Fruchtfolge –, so schwächt die geistigen Energien ständige Anstrengung. Sie erstarken wieder nach ein wenig Erholung und Lockerung. Die Folge unablässiger Arbeit ist eine gewisse Abstumpfung und Erschöpfung.

Auch wären die Menschen nicht so leidenschaftlich darauf erpicht, wenn nicht ein geradezu natürliches Vergnügen mit Spiel und Scherz verbunden wäre. Überläßt man sich dem aber ständig, nimmt es einem alle Würde, alles Gewicht.

Auch der Schlaf ist ja zur Erholung nötig, doch schläft man Tag und Nacht ununterbrochen, ist's der Tod. Es besteht nämlich ein großer Unterschied, ob man etwas lockert oder löst. *(Die Seelenruhe 17)*

Sei etwas nett zu dir!

Man sollte nachsichtig mit sich selbst sein und sich häufig Muße gönnen, die wie ein Stärkungsmittel wirkt. Auch weite Spaziergänge im offenen Gelände sollte man unternehmen, damit sich unter freiem Himmel und bei kräftigem Durchatmen der Geist erholen kann. Bisweilen werden ein Ausflug, eine Reise und eine Ortsveränderung neue Frische schenken, ein Gelage und ein kräftigerer Schluck.

Hin und wieder mag es bis zum Rausch kommen, aber nicht so, daß wir in ihm versinken, sondern daß wir in ihn eintauchen. Er spült ja unsere Sorgen fort und begeistert das Herz von Grund auf, und wie gegen bestimmte Krankheiten, so hilft er auch bei Traurigkeit. *Liber,* »Freier«, wurde der Entdecker des Weins nicht deshalb genannt, weil er die Zunge löst, sondern weil er das Herz aus der Knechtschaft der Sorgen befreit und entläßt und belebt und verwegener macht zu jedem Beginnen.

Doch wie bei der Freiheit, so ist auch beim Wein Mäßigung segensreich, damit man keine schlechte Gewohnheit annimmt; mitunter allerdings sollte man sich zu schrankenloser Ausgelassenheit hinreißen lassen und die freudlose Nüchternheit für ein Weilchen verbannen.

(Die Seelenruhe 17)

Wege zum Glück

Nur wenn wir allein sind, werden wir bessere Menschen

Nur dann nämlich können wir an dem festhalten, was wir einmal als richtig erkannt haben, wenn niemand daherkommt, der unser noch ungefestigtes Urteil, gestützt auf die üblichen Auffassungen, ins Wanken bringt. Nur dann kann unser Leben ununterbrochen den gleichen Gang gehen, das wir sonst durch die widersprüchlichsten Zielsetzungen zerschleißen.

Denn unter unseren sonstigen üblen Eigenschaften ist jene die schlimmste, daß wir selbst in unseren Fehlern inkonsequent sind. So gelingt es uns nicht einmal, eine an uns schon vertraute Schwäche beizubehalten. Bald dies, bald jenes sagt uns zu, und auch das macht uns Beschwerden, daß unsere Urteile nicht nur verkehrt sind, sondern daß obendrein kein Verlaß auf sie ist. Wir treiben dahin und greifen jetzt hiernach, dann danach, lassen von dem, wonach wir strebten, und streben nach dem, wovon wir ließen: So schwanken wir zwischen Verlangen und Ablehnung hin und her – wir sind ja völlig von fremden Urteilen abhängig –, und das scheint uns besonders gut, was viele begehren und loben, nicht jedoch das, was tatsächlich lobens- und begehrenswert ist; ein Weg gilt uns nicht an sich als gut oder schlecht, sondern wir halten uns an die Zahl der Fußspuren – und keine ist darunter von einem, der wiederkam.

(Die Zurückgezogenheit 1)

Wir gehen alle in die Irre wie Schafe …

Leben wollen alle im Glück, doch um zu erkennen, was das Leben glücklich macht, dafür sind sie blind. Und es ist derart schwierig, ein glückliches Leben zu erlangen, daß jedermann sich von diesem Ziel desto weiter entfernt, je leidenschaftlicher er es verfolgt – wenn er den falschen Weg eingeschlagen hat. Sobald ihn dieser in die entgegengesetzte Richtung führt, ist gerade seine Hast die Ursache dafür, daß der Abstand immer größer wird.

Daher müssen wir uns zunächst darüber klar werden, was überhaupt unser Ziel ist, und uns dann Gedanken machen, wie wir am raschesten dorthin gelangen können. Sind wir erst einmal auf dem rechten Weg, werden wir merken, wieviel davon täglich zu schaffen ist und um wieviel wir dem nähergekommen sind, dem uns ein natürliches Verlangen entgegentreibt. Solange wir aber in alle Richtungen schweifen und keinem Führer folgen, sondern dem Geflüster und verworrenen Geschrei von Leuten, die uns da- und dorthin rufen, verrinnt unser Leben, kurz wie es ist, auf Irrwegen, selbst wenn wir uns Tag und Nacht um die rechte innere Einstellung bemühen.

Demnach muß eine Entscheidung darüber fallen, wohin wir eilen und auf welchem Weg, und zwar nicht ohne irgendeinen Ortskundigen, der das, was wir vor uns haben, gründlich erforscht hat. Die Dinge liegen hier ja nicht so wie bei sonstigen Reisen: auf ihnen lassen uns der eingeschlagene Pfad und die Einheimischen, die wir fragen, nicht fehlgehen; hier aber führt uns gerade ein ausgetretener, vielbegangener Weg am ehesten in die Irre.

Vor nichts sollten wir uns folglich mehr in acht nehmen als davor, wie Schafe der Herde zu folgen, die vor uns dahinzieht, und nicht die Richtung einzuschlagen, in die man gehen müßte, sondern die, in die man geht. Nichts läßt uns ja in größeres Unheil geraten, als daß wir uns nach dem Gerede der Leute richten und für das beste halten, was mit lauter Zustimmung aufgenommen wird, daß wir viele Vorbilder haben und nicht nach der Vernunft, sondern in der Bereitschaft leben, uns anzupassen.

Daher stürzen wir auch zuhauf ins Verderben, einer über den anderen. Was bei einem großen Menschenauflauf geschieht, wo die Leute sich gegenseitig voranstoßen – keiner stürzt, ohne zugleich einen anderen mit sich zu reißen, und die Vordersten bringen die Nachdrängenden zu Fall –, das kann man im Leben allenthalben beobachten: Niemands Fehltritt schadet nur ihm allein, sondern verursacht und bewirkt fremde Verfehlung.
In der Tat ist es schädlich, sich eng an die zu halten, die vorangehen, und solange es ein jeder vorzieht, zu glauben statt zu entscheiden, fällt nie eine Lebensentscheidung, man glaubt nur immer, und es treibt uns ins jähe Verderben der von Geschlecht zu Geschlecht sich forterbende Wahn.

Das Beispiel anderer ist unser Verhängnis; wir werden gerettet, wenn wir uns nur von der Masse absondern. Heutzutage stellt sich in der Tat der Vernunft als Verteidiger seiner Fehler der große Haufe entgegen. So geht es ebenso zu wie bei Wahlen, wo sich dieselben Leute darüber wundern, daß einer Minister wurde, die ihn gewählt haben, sobald die wetterwendische Volksgunst umgeschlagen ist. Einunddasselbe finden wir gut und finden wir schlecht – das ist das Resultat jeder Entscheidung, bei der man sich der Mehrheit fügt.

Wenn es um das Lebensglück geht, darfst du mir nicht, gleich wie beim Hammelsprung im Bundestag, entgegenhalten: »Das scheint mir die größere Hälfte zu sein.« Eben deshalb ist es nämlich die schlechtere. Nein, so gut ist's im Menschenleben nicht bestellt, daß das Bessere der Mehrheit zusagt. Als ganz schlecht erweist sich, worum man sich drängt.

Fragen wir uns also, was am besten zu tun sei, nicht, was allgemein üblich ist, und was uns zum Besitz beständigen Glücks verhilft, nicht, was dem Pöbel zusagt, der über das Rechte die abwegigsten Vorstellungen hat.

(Das glückliche Leben 1 f.)

Sich absetzen heißt nicht, sich absondern

Wenn wir nämlich alle Kontakte unterbrechen, uns der Menschheit versagen und ganz auf uns selbst beschränkt leben, führt eine derartige Isolation ohne höhere Interessen dazu, daß es uns an Betätigungsmöglichkeiten fehlt. Dann werden wir damit beginnen, Häuser bald zu errichten, bald einzureißen, das Meer einzudämmen und Wasserleitungen selbst durch schwierigstes Gelände zu führen und übel mit der Zeit zu wirtschaften, die uns die Natur gegeben hat, um sie auszufüllen. Teils gehen wir knausrig mit ihr um, teils verschwenderisch, teils verwenden wir sie so, daß wir darüber Rechenschaft geben können, teils so, daß keine Spur davon bleibt – und das ist das Allerschändlichste. Oft hat ein hochbetagter Greis kein anderes Beweismittel für sein langes Leben als sein Alter! *(Die Seelenruhe 4)*

Häufig sollte man sich auch in sich selbst zurückziehen: Der Umgang mit nicht gleichgestimmten Menschen stört die Harmonie und weckt die Leidenschaften aufs neue, und alles, was im Herzen anfällig und noch nicht auskuriert ist, läßt er wieder schwären.
Doch muß man dabei auf die rechte Mischung und auf Abwechslung zwischen Einsamkeit und Trubel achten. Jene läßt uns Verlangen nach Menschen, dieser nach uns selbst verspüren, und eins hilft gegen das andere.

(Die Seelenruhe 17)

Falsche Blickrichtung

Niemandem gefällt, wenn er nach Fremdem schielt, das Eigene. Darum sind wir sogar den Göttern böse, weil irgend jemand uns voraus ist, ohne zu bedenken, wieviele Leute uns nachstehen und wieviel ungeheuerlicher Neid sich einem, der nur wenige beneidet, an die Fersen heftet. Trotzdem sind die Menschen so unverfroren, selbst wenn sie noch soviel erhalten haben, es als Kränkung zu empfinden, daß sie mehr hätten bekommen können.

(Der Zorn III 31)

Das Unsere sollte uns unverglichen freuen: Nie wird einer glücklich sein, den das größere Glück eines andren wurmt. Ich habe weniger als erhofft – doch vielleicht hoffte ich auf mehr als recht war. *(Der Zorn III 30)*

Sei nicht maßlos in deinen Wünschen!

Bedanke dich lieber für das, was du erhieltest; auf das andere warte und sei froh, daß du noch nicht alles bekommen hast. Es ist gleichfalls ein Grund zur Freude, daß es noch etwas gibt, worauf du hoffen kannst. Alle hast du hinter dir gelassen; daß du der erste im Herzen deines Freundes bist, darüber freue dich! Viele lassen dich hinter sich: Bedenke, wieviel mehr Menschen du überlegen bist als nachstehst! Was dein größter Fehler sei, willst du wissen? Deine Buchführung stimmt nicht: Gegebenes setzt du hoch an, Empfangenes niedrig! *(Der Zorn III 31)*

Wer ist glücklich?

Glücklich ist, wer recht zu entscheiden weiß; glücklich ist, wer mit seiner Lage, gleich wie sie sich darstellt, zufrieden und für seine Habe dankbar ist; glücklich ist der, dem alle Lebensumstände die Vernunft erträglich macht.

(Das glückliche Leben 6)

Auf dem rechten Weg ist ...

... wer sich solche Ziele setzt: »Ich will dem Tod genauso ruhig, wie ich von ihm reden höre, auch ins Auge sehen! Ich will Beschwerden, mögen sie auch noch so groß sein, auf mich nehmen, und meinem Leib wird Geisteskraft als Stütze dienen!

Ich will Reichtum, ob ich ihn besitze oder nicht, unterschiedslos verachten und werde weder, wenn er anderswo sich häuft, bedrückter, noch, wenn er rings um mich funkelt, stolzer sein! Ich werde auf das Glück nicht achten, wenn es kommt, und auch nicht, wenn es mich verläßt. Ich werde die ganze Welt als mein, und was davon mein ist, als aller Eigentum ansehen.

Ich will so leben, als wüßte ich, daß ich für andere geboren bin, und der Natur dafür dankbar sein. Auf welche Weise hätte sie auch meine Angelegenheiten besser regeln können? Mich einen hat sie allen geschenkt, mir einem alle.

All meine Habe will ich nicht in schmutziger Habsucht hüten noch mutwillig vergeuden.
Nichts werde ich eher als meinen Besitz ansehen als sinnvoll Verschenktes. Nicht nach der Zahl noch nach ihrem Umfang will ich meine guten Taten beurteilen; für mich zählt nur die Einschätzung des Empfängers. Niemals wird mir das als viel erscheinen, was ein Würdiger erhält.

Nichts will ich um meines Rufes willen tun, alles um den Preis eines guten Gewissens. Vor den Augen des Volks, so will ich glauben, geschehe alles, was ich tue, auch wenn nur ich davon weiß.

Beim Essen und Trinken wird es mein Ziel sein, das natürliche Bedürfnis zu stillen, nicht mir den Bauch vollzuschlagen und zu entleeren.

Ich will, bei Freunden beliebt und gegenüber Feinden milde und versöhnlich, mich erweichen lassen, ehe man mich bittet, und berechtigten Wünschen zuvorkommen.«

Meine Heimat ist die Welt, das soll mir klar sein, und deren Beschützer die Götter; die stehen über mir und rings um mich, meine Taten und Worte zu richten. Und wenn entweder die Natur mein Leben von mir zurückfordert oder sich ein Grund ergibt, davon zu lassen, will ich mit dem Bekenntnis aus ihm scheiden, daß ich mein gutes Gewissen liebte, gute Bücher, und niemands Freiheit von mir beschnitten wurde, am wenigsten meine eigene.

(Das glückliche Leben 20)

Keiner ist mit sich selbst zufrieden!

Alle sind in derselben Lage, sowohl die, die ihre Oberflächlichkeit umtreibt, so daß sie rasch Unlust empfinden und oft ihre Absicht ändern, und denen stets das mehr entspricht, was sie eben aufgegeben haben, als auch jene, die schlaff und teilnahmslos sind. Nimm noch die hinzu, die sich gleich Leuten, die nur schwer einschlafen können, herumwälzen und bald so, bald anders betten, bis sie Ruhe durch Ermüdung finden! Während sie ihre Lebensweise immer wieder ändern, bleiben sie schließlich der treu, bei der sie nicht etwa eine plötzliche Abneigung gegen Veränderungen überkam, sondern das Alter, das zu weiterem Wechsel keine Lust hat. Auch die darfst du dazu zählen, die keineswegs dank ihrer Charakterstärke nicht besonders flatterhaft sind, sondern aus Trägheit, und nicht so leben, wie sie möchten, sondern, wie sie es einmal angefangen haben.

Zahllos sind die weiteren Erscheinungsformen des Leidens, doch das Ergebnis ist das gleiche: Unzufriedenheit mit sich selbst. Diese ist die Folge innerer Unbeständigkeit sowie verdrängter oder unerfüllter Wünsche, sooft jemand entweder nicht zu einem Wagnis bereit ist, das seinen Wünschen entspricht, oder diese verfehlt und nun ganz seinen Hoffnungen nachhängt. Solche Leute sind immer unausgeglichen und umtriebig, wie es bei ihrem Schwanken unvermeidlich ist.

Ihre Ziele suchen sie auf jede Weise zu erreichen, selbst zu Unanständigem und Gefährlichem halten sie sich an und überwinden sich, und wenn ihre Anstrengung unbelohnt bleibt, grämt sie die unnütze Schandtat. Allerdings tut ihnen nicht das Böse leid, sondern die vergebliche Bereitschaft dazu. Dann erfüllt sie wegen des Unternommenen Reue und Angst vor weiteren Unternehmungen, sie fühlen sich insgeheim hin- und hergerissen und sind in einer ausweglosen Lage, weil sie ihren Wünschen weder gebieten noch nachgeben können, bringen sich entschlußlos um ihr Lebensglück und lassen ihre Seele inmitten enttäuschter Hoffnungen verkümmern.

Das alles wird noch schlimmer, sobald sie sich, fruchtloser Plage müde, in die Muße flüchten und in einsame Studien, wozu ein Mensch nicht taugt, den es in die Politik drängt, der sich betätigen will und von Natur ruhelos ist, weil er zu wenig in sich trägt, was ihn trösten könnte. Fehlt ihm nun die Unterhaltung, die gerade ihre vielen Abhaltungen geschäftigen Menschen verschaffen, findet er sein Haus, das Alleinsein, die eigenen vier Wände unerträglich. Widerwillig sieht er, daß er sich selber überlassen ist.

Daher kommt jene Unlust und Unzufriedenheit mit sich selbst und die Unbeständigkeit einer Seele, die nirgends Ruhe findet, und die mürrische und verdrießliche Hinnahme der Muße, die einem gewährt ist – besonders, wenn man sich scheut, die Gründe zuzugeben, und aus Scham seine Qual in sich hineinfrißt: Dann sind die Triebwünsche in ein enges Gefängnis ohne Ausgang gesperrt und strangulieren sich gegenseitig. Daher kommen Trauer und Trägheit und tausend Erschütterungen eines verstörten Gemüts, das hochgestimmt ist, wenn es Hoffnung schöpft, und verbittert, wenn es davon lassen muß, daher auch die leidenschaftliche Erregung derer, die ihre Muße verwünschen und sich beklagen, daß sie nichts zu tun hätten, und bei Erfolgen anderer der bitterböse Neid – denn die Mißgunst wächst durch Rückschläge und Untätigkeit, und derartige Menschen möchten alle zugrunde richten, weil sie sich selbst nicht nach oben bringen konnten. Weil sie nun fremdes Glück empört und sie am eigenen verzweifeln, hadern sie im Herzen mit dem Geschick, schimpfen über die böse Welt, ziehen sich ins Abseits zurück, hängen ihrem Jammer nach und empfinden dabei tiefsten Abscheu vor sich selbst. *(Die Seelenruhe 2)*

Flucht vor sich selbst

Typisch für einen Kranken ist es, nichts lange leiden zu können und die Veränderung als heilsam zu empfinden.
Deshalb unternimmt man ziellose Reisen, treibt sich an der Küste herum, und bald auf dem Meer, bald auf dem Land zeigt sich die Unrast, die stets das Gegenwärtige verabscheut. »Fahren wir nun nach Kampanien!« »Das Luxusleben ödet mich schon an.« »Dann sehen wir uns in der Wildnis um und suchen Bruttium und Lukaniens Schluchten auf!« »Etwas wird man allerdings in der wüsten Gegend vermissen, etwas Hübsches, bei dessen Anblick sich ein kultivierter Mensch von der endlosen Öde rauher Gegenden erholen kann.« »Gehen wir doch nach Tarent, zu dem berühmten Hafen, zur Winterfrische mit dem milderen Klima, in eine Landschaft, die schon in alten Zeiten dicht besiedelt war.« »Kehren wir doch gleich um, nach Rom; allzulange haben meine Ohren keinen Beifall und

kein Schwerterklirren gehört. Schon macht es wieder Freude, sich am Anblick von Menschenblut zu weiden.«

Eine Reise nach der andern unternimmt man, ein Spektakel läßt man dem andern folgen – wie es bei Lukrez heißt:
So sucht jeder stets, vor sich selber zu fliehen.
Doch was hilft's, wenn er sich nicht entflieht? Er begleitet sich selber und fällt sich zur Last als unangenehmster Gefährte.

Darum sollten wir wissen, daß nicht die Gegenden schuld an unserem Unbehagen sind, sondern wir selbst: Schwach sind wir gegenüber allem, wo es standzuhalten gilt: Wir können weder Leid noch Lust noch uns selbst noch irgend etwas sonst ertragen – jedenfalls nicht längere Zeit. Das hat manche schon in den Tod getrieben: Da sie infolge häufigen Wechsels ihrer Vorsätze stets auf den Ausgangspunkt zurückgeworfen wurden und sich nicht die Möglichkeit neuer Erfahrungen offengehalten hatten, ekelte sie mit der Zeit ihr Leben und die ganze Welt an, und es überkam sie das Gefühl von Leuten, die aller Genüsse überdrüssig sind: »Wie lange noch dasselbe?« *(Die Seelenruhe 2)*

Vom rechten Planen und Handeln

Alles mit Augenmaß!

Gründlich prüfen müssen wir zuerst uns selbst, dann die Aufgaben, die wir übernehmen, und dann die Menschen, derentwegen oder mit denen wir das tun.

Vor allem ist es nötig, sich selbst richtig einzuschätzen, da wir uns in der Regel einbilden, mehr zu können als wir können. Der eine übernimmt sich im Vertrauen auf seine Fähigkeiten als Redner, der andere hat sich finanziell mehr zugemutet als er leisten konnte, der dritte seine schwächliche Konstitution durch eine anstrengende Aufgabe überfordert.

Zweitens sollten wir das abschätzen, was wir in Angriff nehmen, und unsere Kräfte an den Aufgaben messen, denen wir uns stellen wollen. Es ist nämlich unerläßlich, daß der handelnde Mensch über mehr Energie verfügt als seine Aufgabe verlangt. Notwendigerweise drücken Lasten nieder, die für den Träger zu schwer sind. Manches ist zudem weniger bedeutend als problemträchtig und bringt nur eine Menge Arbeit ein – und solchen Aufgaben sollte man aus dem Weg gehen, aus denen weitere, vielfältige Beanspruchung erwächst.

Auch darf man sich nicht auf etwas einlassen, woraus nicht ohne weiteres ein Rückzug möglich ist. An das sollte man Hand legen, was man sofort oder wenigstens in absehbarer Zeit zu Ende bringen kann, und die Finger davon lassen, was im Lauf der Tätigkeit sich ausweitet und nicht da, wo man es sich vorgenommen hatte, endet.

Unter den Menschen muß man unbedingt auswählen, ob sie es verdienen, daß wir ihnen einen Teil unseres Lebens widmen, ob ihnen unser Opfer an Zeit zugute kommt. Manche setzen ihrerseits das, was wir für sie taten, auf unser Schuldkonto. *(Die Seelenruhe 6)*

Nicht mit dem Kopf durch die Wand!

Flexibel müssen wir auch werden, damit wir uns nicht allzusehr an einmal gefaßte Entscheidungen klammern, sondern uns in das schicken, wohin uns der Zufall leitet, und auch nicht davor zurückschrecken, unsere Pläne und unsere Einstellung zu ändern, wenn wir uns nur nicht der Oberflächlichkeit ergeben, einem Fehler, der dem Seelenfrieden besonders abträglich ist. Natürlich ist auch ein starrsinniger Mensch notwendigerweise in Unruhe und übel dran: Ihm nötigt das Schicksal oft etwas ab. Aber der Unbeständige hat es noch viel schwerer, da er nirgends Halt findet.

Beides ist für die innere Ausgeglichenheit schädlich: Wenn man nichts anders machen und wenn man bei nichts durchhalten kann.

Auf jeden Fall sollte man sich, weg von allen Äußerlichkeiten, auf sich selbst zurückziehen, sich vertrauen, auf sich mit Freude, auf das Seine mit Stolz schauen, sich nach Möglichkeit der Fremdbestimmung entziehen und sich der eigenen Person zuwenden, Verluste nicht spüren und auch dem Widrigen eine gute Seite abgewinnen.

Als ihm ein Schiffsuntergang gemeldet wurde, sagte unser großer Zenon, wiewohl er vernehmen mußte, daß all seine Habe versunken sei: »Das Schicksal gebietet mir, weniger bepackt zu philosophieren!« *(Die Seelenruhe 14)*

Wozu sich abstrampeln?

In engem Zusammenhang damit steht, daß wir uns weder bei Unnötigem noch unnötigerweise plagen, das heißt, daß wir weder Unerreichbares begehren noch, am Ziel unserer Wünsche, die Eitelkeit unseres Begehrens zu spät und nach viel Schweiß erkennen; das heißt auch, daß weder unsere Mühe verschwendet und ergebnislos sein soll noch das Ergebnis unserer Mühe unwert.

In der Regel ist Enttäuschung die Folge, wenn man erfolglos war oder sich des Erfolges schämen muß.
Energisch beschränken muß man die Hektik, wie man sie bei einem großen Teil der Leute findet, die durch Häuser und Theater und Märkte rennen. Fremden bieten sie ihre Dienste an, und stets scheint es, sie hätten etwas zu tun. Wenn du einen von denen beim Verlassen seines Hauses fragst: »Wohin willst du? Was hast du im Sinn?«, wird er dir erwidern: »Bei Gott, ich weiß es nicht, doch irgendwelche Leute werd' ich treffen, irgendwas erledigen.« Ziellos streifen sie herum auf der Suche nach Beschäftigung und tun nicht, was sie sich vorgenommen haben, sondern worauf sie eben stoßen. Unüberlegt und sinnlos ist ihr Gerenne, wie bei Ameisen, die im Geäst krabbeln, die es hoch in den Wipfel und von dort nach drunten unnütz treibt. Ähnlich diesen bringen die meisten ihr Leben hin, deren Treiben man mit vollem Recht ein ruheloses Nichtstun nennen könnte.

Mit manchen, die losstürmen, als ob es brennt, kann man gar Mitleid haben, derart heftig rempeln sie Entgegenkommende an und bringen sich und andere zu Fall, während sie rennen, um jemand zu grüßen, der sie nicht wiedergrüßen wird, oder um einem Unbekannten das Totengeleit zu geben, oder zum Prozeß eines Menschen, der oft prozessiert, oder zur Verlobung eines anderen, der oft heiratet, und wenn sie eine Sänfte aufgegabelt haben, helfen sie dann und wann sogar beim Tragen. Wenn sie danach erschöpft heimkommen nach der unnötigen Plage, schwören sie, sie wüßten selbst nicht, warum sie ausgegangen, wo sie gewesen seien – und dabei werden sie sich am nächsten Tag genau an den gleichen Orten herumtreiben.

Jede Mühe sollte also irgendeinen Anlaß haben, irgendein Ziel. Es ist nicht ihr Fleiß, der die Ruhelosen umtreibt, so wie Verrückte ihre Wahngebilde; nicht einmal solche Menschen setzen sich ja ohne den geringsten Anlaß in Bewegung. Es lockt sie die Vorstellung von irgend etwas, was ihr verwirrter Geist nicht als Hirngespinst erweisen kann.

Ebenso führen jeden einzelnen von denen, die ausgehen, um das Gedränge in der Stadt noch zu vergrößern, nichtige und unwichtige Gründe im Kreis herum, und selbst wer gar nichts hat, worauf er Mühe verwenden könnte, den treibt das Morgenlicht davon, und wenn er nach vergeblichem Pochen an den Türen vieler nur ihre Sekretäre begrüßen konnte und von vielen gar ausgesperrt wurde, dann war von all den Leuten keiner schwerer daheim anzutreffen als er selbst. *(Die Seelenruhe 12)*

Übernimm dich nicht!

Nützlich kann uns jener gute Rat des Demokrit sein, der uns Seelenfrieden verheißt, wenn wir weder privat noch für den Staat vielerlei treiben oder uns überfordern. Nie geht so glücklich einem Vielgeschäftigen der Tag dahin, daß ihm nicht durch einen Menschen oder ein Ereignis Unbill erwüchse, die in ihm Zorn hochkommen läßt.

Wie jemand, der über volkreiche Plätze einer großen Stadt rennt, unweigerlich mit vielen Leuten zusammenstößt und bald ausgleitet, bald aufgehalten wird, bald sich schmutzig macht, so erfährt, wer sich in einem so hektischen Leben völlig verzettelt, viel Behinderung, viel Unannehmlichkeit. Einer hat unsere Hoffnung enttäuscht, ein anderer hingehalten, ein dritter sie zerschlagen: Nicht nach Wunsch lief, was wir unternahmen. Keinem ist das Glück so zugetan, daß es ihm bei vielfältigen Unternehmungen überall seinen Willen täte. Daraus ergibt sich also, daß einer, dem irgendein Vorhaben danebenging, sich mit den Leuten und den Verhältnissen nicht abfinden kann und aus geringfügigsten Anlässen in Zorn gerät, bald über einen Menschen, bald über eine schwierige Aufgabe, bald über seine Stellung, bald über das Schicksal, bald über sich selbst.

Um innerlich ruhig sein zu können, darf man sich deshalb nicht umtreiben, sich nicht – wie schon gesagt – bei der Erledigung vielfältiger Aufgaben erschöpfen oder bei der großer Projekte, die über unsere Kraft gehen.

Keine Mühe macht es, Leichtes recht auf den Nacken zu nehmen und es dahin und dorthin zu tragen, ohne zu straucheln. Doch was uns fremde Hände aufgeladen haben und wir nur mühsam halten können, das drückt uns nieder, und bei nächster Gelegenheit schleudern wir es fort. Auch solange wir der Bürde standzuhalten suchen, schwanken wir, zu schwach für die Last. *(Der Zorn III 6)*

Daß es im politischen Leben nicht anders zugeht als im privaten Bereich, solltest du wissen. Einfache und machbare Aufgaben erledigen sich wie von selbst, außerordentliche, dem damit Betrauten unangemessene, lassen sich nicht leicht lösen, und will man sie bewältigen, dann machen sie dem, der es versucht, schwer zu schaffen und lassen ihn scheitern, und was er schon im Griff zu haben schien, geht mit ihm unter. So kommt es, daß dessen Streben oft erfolglos ist, der nicht, was machbar ist, in Angriff nimmt, sondern will, daß machbar ist, was er in Angriff nahm.

Sooft du etwas versuchst, solltest du zugleich dich und das, was du bewirken willst und was auf dich wirkt, abschätzen. Reizbar macht dich nämlich die Scham, wenn du eine Aufgabe nicht geschafft hast. *(Der Zorn III 7)*

Wie man Schweres leichter trägt

Du bist im Leben in irgendeine mißliche Situation geraten, und ohne daß du's merktest, hat dir allgemeines oder persönliches Unglück eine Fessel angelegt, die du nicht lösen oder sprengen kannst. Denk daran, Sklaven in Beinschellen leiden zuerst unter dem Gewicht und der Behinderung; dann, wenn sie sich dazu durchgerungen haben, sich nicht mehr aufzuregen, sondern sie zu dulden, lernen sie durch Zwang, sie standhaft, durch Gewöhnung, sie leicht zu tragen.

Du wirst in jeder Lebenslage Vergnügen, Erholung und Genuß finden, wenn du nur bereit bist, Schlimmes leicht zu nehmen, statt deinen ganzen Haß darauf zu lenken.

Nirgends hat es die Natur besser mit uns gemeint: da sie ja wußte, zu welchen Leiden wir geboren werden, erfand sie zur Linderung der Unbill die Gewohnheit, die rasch das Allerschwerste alltäglich werden läßt. Niemand hielte stand, wenn dauerndes Unglück die gleiche Wucht hätte wie der erste Schlag.

Alle sind wir an unser Schicksal gebunden; nur ist die Fessel der einen golden und locker, die der anderen straff und schmutzig – doch was macht's? Die gleichen Gefängnismauern umschließen alle, und gebunden sind auch die, die andere gebunden haben, denn du wirst ja wohl nicht glauben, leichter sei die Handschelle an der Linken, beim Gefangenenwärter.

Den einen fesseln hohe Ehren, den anderen seine Schätze; manchen ist ihr Adel beschwerlich, anderen ihre Niedrigkeit. Manche müssen das Haupt fremden Befehlen beugen, andere eigenen. Manche bannt das Exil an einen bestimmten Platz, manche ihr Priestertum. Das ganze Leben ist nur Sklaverei.

Daher muß man sich an seine Situation gewöhnen und möglichst wenig darüber klagen und alles, was sie an Annehmlichkeiten mit sich bringt, sich zu eigen machen.

Nichts ist so bitter, daß darin ein gelassener Mensch keinen Trost fände.
Winzige Grundstücke haben schon oft durch geschickte Aufteilung für vielfache Nutzung Platz geboten, und einen

noch so engen, nur fußbreiten Gang macht rechte Einteilung bewohnbar.

Geh mit Überlegung an Schwierigkeiten heran: Es kann Hartes weich und Enges weit werden und Schweres, wenn man es richtig trägt, weniger drücken.

Man darf außerdem sein Verlangen nicht auf Entferntes richten; nur in der Umgebung wollen wir ihm Ausgang gestatten, da es sich ja nicht ganz einsperren läßt. Unter Verzicht auf das Unmögliche oder Schwierige wollen wir nach dem Naheliegenden trachten, das unseren Hoffnungen entgegenkommt, doch uns bewußt sein, daß alles gleichermaßen leichtgewichtig ist, äußerlich zwar verschieden anzusehen, innen unterschiedslos hohl.

Auch wollen wir Höherstehende nicht beneiden: Was lange Zeit großmächtig schien, kann jäh zusammenbrechen! Jene hinwiederum, die ein unfreundliches Geschick in eine so prekäre Lage versetzt hat, sind weniger gefährdet, wenn sie ihrem an sich schon herausfordernden Besitz das Herausfordernde nehmen und ihr Glück, soweit sie es vermögen, auf ein bescheidenes Maß herabdrücken.

Es gibt freilich viele, die sich unweigerlich an ihre Spitzenstellung klammern müssen, von der sie nicht herabkommen können, ohne zu stürzen. Doch eben dies, so werden sie wohl bezeugen, belastet sie am meisten, daß sie zwangsläufig anderen lästig fallen und dabei selbst nicht hocherhaben, sondern ans Kreuz geschlagen sind.

Durch Gerechtigkeit, Sanftmut, Menschlichkeit und eine offene, gütige Hand sollten sie sich für einen glimpflichen Sturz viele Matten verschaffen, im Vertrauen auf die sie in ihrer Höhe furchtloser sein können. Nichts wird uns jedoch vor solchen seelischen Erschütterungen ebenso schützen wie eine stete Begrenzung dessen, was uns zufällt, und indem wir es nicht dem Glück anheimstellen, wann es endet. Vielmehr sollten uns selbst lange vorher warnende Beispiele Einhalt gebieten.

So werden auch bestimmte Wünsche unseren Argwohn wecken und uns, da wir sie begrenzen, nicht zu Maßlosem und Riskantem verführen. *(Die Seelenruhe 10)*

Sei, wie du bist!

Auch das gibt zur Unruhe ganz erheblichen Anlaß, wenn man sich ängstlich verstellt und niemandem offen entgegentritt, so, wie viele leben: verlogen, nur auf den Schein bedacht.

Aber das ständige Achtgeben auf sich selbst wird zur Qual, und man muß zudem fürchten, ertappt zu werden, wenn man sich einmal anders gibt als üblich.

Auch kommen wir nie von diesem Hemmnis los, solange wir glauben, wir würden so oft beurteilt wie betrachtet, denn es kommt vieles vor, was uns ungewollt entlarvt, und selbst wenn so strenge Selbstkontrolle erfolgreich ist, ist doch das Leben derer weder angenehm noch sorgenfrei, die stets mit einer Maske leben.

Welche Lust liegt dagegen in echter, ganz ungekünstelter Offenheit, die ihre Art hinter nichts verbirgt! Doch auch eine solche Lebenshaltung gerät in Gefahr, abschätzig beurteilt zu werden, wenn allen alles offenliegt. Es gibt ja

Leute, die alles widerwärtig finden, dem sie zu nahe gekommen sind. Doch für einen wertvollen Menschen besteht keine Gefahr, daß er bei näherer Betrachtung an Wert verliert, und es ist jedenfalls besser, wegen seines natürlichen Wesens mißachtet zu werden, als sich mit ständiger Verstellung zu quälen. Allerdings sollten wir auf das rechte Maß achten: Es ist ein großer Unterschied, ob man natürlich lebt oder nachlässig. *(Die Seelenruhe 17)*

Allerlei Besitz

Geld macht nicht glücklich

Wenden wir uns nun dem Hab und Gut zu, das den Menschen am meisten zu Kümmernissen Anlaß gibt. Denn wenn du alles, was uns bedrückt, die Todesfälle, Erkrankungen, Ängste, Sehnsüchte, das Ertragen von Schmerz und Mühsal, mit den Unannehmlichkeiten vergleichen wolltest, die uns das Geld bereitet, werden die letzteren bei weitem überwiegen.

Man sollte darum bedenken, wieviel weniger es schmerzt, kein Geld zu haben als es zu verlieren; dann werden wir begreifen, daß Armut desto weniger zu Betrübnis Anlaß gibt, je weniger Einbußen sie erlaubt. Du täuschst dich nämlich, wenn du meinst, gelassener könnten einen Verlust die Reichen ertragen. Dem größten und dem kleinsten Wesen tut eine Wunde gleichermaßen weh. Bion sagte treffend, gleich lästig sei es für Männer mit Glatze wie für solche mit vollem Schopf, wenn ihnen Haare ausgerissen werden.

Dasselbe darfst du von Armen und Wohlhabenden annehmen: Die Qual ist gleich; beiden ist ihr Geld ans Herz gewachsen und kann ihnen nicht, ohne daß sie es spüren, entrissen werden.

Erträglicher ist es aber, wie schon gesagt, und auch bequemer, nichts zu erwerben statt es zu verlieren, und daher sieht man die heiterer, auf die nie das Glück geachtet hat, als die, die es verließ.

Um wieviel glücklicher ist, wer keinem etwas schuldet außer dem, dem er's am leichtesten verweigern kann – sich selbst!

Doch weil wir nicht soviel Festigkeit besitzen, gilt es, auf jeden Fall die Habe zu begrenzen, damit wir weniger den Schlägen des Schicksals ausgesetzt sind. Leichter haben es im Krieg Soldaten, die sich hinter ihren Schild ducken können, als solche, die dafür zu breit gebaut sind und die von allen Seiten wegen ihrer Größe verwundbar sind. Am besten bemessen ist Geldbesitz, wenn er nicht eben an Armut grenzt, sich aber von der Armut auch nicht weit entfernt.

Gefallen finden wir an diesem Maßstab, wenn wir vorher an der Genügsamkeit Gefallen fanden. Wie ohne diese kein Besitz ausreicht, so ist im andern Fall keiner zu wenig, zumal Abhilfe leicht zu schaffen ist und sogar Armut sich, ruft man die Sparsamkeit zu Hilfe, in Reichtum verwandeln kann.

Gewöhnen wir uns an, auf Luxus zu verzichten und die Dinge nach ihrem Nutzen, nicht nach dem äußeren Glanz zu bewerten. Essen soll nur den Hunger stillen, ein Trank den Durst, dem Liebesverlangen gebe man nur, soweit nötig, nach. Wir wollen lernen, auf eigenen Füßen zu stehen, Kleidung und Nahrung nicht nach modernen Vorbildern zusammenzustellen, sondern so, wie es der Brauch der Alten nahelegt. Wir wollen lernen, unsere Enthaltsamkeit zu steigern, die Schwelgerei einzuschränken, den Ehrgeiz zu dämpfen, den Jähzorn zu besänftigen, auf die Armut gelassenen Blicks zu schauen, Sparsamkeit zu üben, auch wenn sich viele ihrer schämen, die natürlichen Bedürfnisse mit wenig Aufwand zu befriedigen, maßlose

Hoffnungen und Wünsche, die auf Künftiges gerichtet sind, sozusagen an die Kette zu legen und danach zu trachten, daß wir Schätze eher von uns als vom Schicksal begehren. *(Die Seelenruhe 8f.)*

Multum, non multa

Auch bei der Beschäftigung mit Literatur und Kunst, wofür Ausgaben am vertretbarsten sind, haben sie nur so lange Berechtigung, wie sie sich in Grenzen halten. Was bringen zahllose Bücher und Regale, wenn ihr Besitzer in seinem ganzen Leben kaum die Titel überflogen hat? Belastend für den Lernenden ist Überfülle, nicht belehrend, und viel vernünftiger ist es, sich wenigen Autoren zu widmen, als ziellos in vielen herumzuschmökern.

So kannst du bei den größten Müßiggängern alles sehen, was es an Reden und Geschichtswerken gibt, Bücherwände bis hinauf zur Decke. Mittlerweile legt man nämlich zwischen Wannenbad und Sauna sich auch noch eine hübsche Bibliothek als unverzichtbare Zierde des Hauses an. Ich hätte dafür volles Verständnis, wenn man aus übergroßer Wißbegierde übers Ziel hinausschösse; heutzutage aber erwirbt man diese exquisiten, illustrierten Werke erhabener Geister zum Herzeigen und als Wandschmuck.

(Die Seelenruhe 9)

Mensch unter Menschen

Wir und die anderen

Es nützt freilich nichts, nur die Gründe für Unzufriedenheit mit sich selbst beseitigt zu haben. Manchmal erfüllt uns Haß gegen die ganze Menschheit, und es wird uns bewußt, welche Unzahl von Verbrechen schon erfolgreich war. Wenn du überlegst, wie selten Aufrichtigkeit, wie unbekannt Rechtschaffenheit ist und daß man kaum je, sofern sie sich nicht auszahlt, Treue findet, und daß, was die Sinnenlust gibt und nimmt, gleich abscheulich ist, und die Prunksucht so sehr schon die ihr gesetzten Grenzen überschreitet, daß sie durch Sittenlosigkeit auffallen will, dann wird es dir Nacht im Herzen, und – gleich als wären alle Tugenden ausgetilgt, mit denen man nicht mehr rechnen kann und deren Besitz nichts nützt – schwarz vor den Augen.

Wir müssen uns deshalb zu der Haltung durchringen, daß wir all die Laster des Pöbels nicht abstoßend, sondern lächerlich finden, und es eher mit Demokrit halten als mit Heraklit: der nämlich mußte, sooft er sich unter Menschen begab, weinen, jener lachte. Dem kam unser ganzes Treiben jämmerlich, jenem närrisch vor. So sollte man denn alles auf die leichte Schulter nehmen und frohgemut ertragen. Menschlicher ist es, über das Leben zu lachen als zu klagen.

Bedenke auch, daß sich derjenige eher um die Menschheit verdient macht, der über sie spottet, als wer sie betrauert. Jener gibt ihr immerhin noch eine Chance, dieser aber jammert töricht über das, was er in seiner Verzweiflung für unverbesserlich hält, und sieht man es im ganzen, ist der größere Geist, wer das Lachen, und nicht, wer seine Tränen nicht unterdrücken kann, weil er der sanftesten Gemütsbewegung nachgibt und nichts für bedeutend, nichts für ernsthaft, auch nichts für jammervoll hält im großen Weltgebäude.

Weswegen wir froh und traurig sind, das halte sich ein jeder einzeln vor Augen; dann wird ihm klar, daß Bions Wort zutrifft, alle Geschäfte der Menschen glichen aufs Haar jenem, dem sie ihre Entstehung verdankten, und ihr Leben sei nicht makelloser und ernsthafter als ihre Empfängnis.

Doch noch besser ist es, die allgemeine Unmoral und die menschlichen Verkehrtheiten gelassen hinzunehmen und weder in Gelächter noch in Tränen auszubrechen, denn sich mit fremden Fehlern abzuquälen, ist endlose Mühsal, Freude über fremde Fehler dagegen eine unmenschliche Lust.

(Die Seelenruhe 15)

Man muß mit der Menschheit nachsichtig sein

Wegen Irrtümern sollte man nicht wütend werden. Wie wär's, wenn jemand in Zorn geriete über Leute, die im Dunkeln unsicher gehen, wie, wenn er über Taube zürnte, weil sie Befehle nicht hören, wie, wenn man es Kindern verargte, daß sie nicht an alle ihre Pflichten denken, sondern nach Spielen und den albernen Späßen Gleichaltriger verlangen?

Wie wär's, wenn du den Leuten dort zürnen wolltest, weil sie krank sind, alt und müde? Zu allem andern, was uns schwache Menschen drückt, gehört auch dies, daß wir im

Dunkeln tappen und nicht nur irren müssen, sondern den Irrtum lieben.

Um nicht einzelnen zu zürnen, muß man allen verzeihen. Man sollte der Menschheit gegenüber Nachsicht zeigen. Wenn du dich über Junge und Alte erbost, weil sie Fehler machen, zürne auch Säuglingen: Sie werden in Zukunft Fehler machen! Erregt sich jemand über Kinder, die in ihrem zarten Alter die Dinge noch nicht zu unterscheiden wissen? Gewichtiger und stichhaltiger ist die Entschuldigung: »Er ist ein Mensch!« als »Nur ein Kind!«

Das Los haben wir bei unserer Geburt gezogen: als Lebewesen sind wir ebensovielen seelischen wie körperlichen Leiden ausgeliefert, sind zwar nicht taub und stumpfsinnig, nützen jedoch unseren Scharfsinn übel und geben einander ein Vorbild in Verkehrtheit. Jeder, der denen folgt, die zuerst den verkehrten Weg einschlugen, darf sich doch wohl damit entschuldigen, wenn er auf ausgetretener Straße in die Irre ging?

Gegen einzelne Deserteure greift der General mit aller Strenge durch; Pardon ist unvermeidlich, wenn das ganze Heer davongelaufen ist. Was nimmt den Zorn des Weisen fort? Die große Schar der Sünder. Er begreift, wie unbillig und wie riskant es ist, sich über ein allgemeines Laster zu erbosen.

Sooft Heraklit sich unter die Leute begab und so viele ringsum sah, die übel lebten, ja vielmehr übel zugrunde gingen, mußte er weinen und bedauerte alle, die ihm froh und glücklich entgegenkamen; er war von mildem, aber allzu unbeherrschtem Wesen und darum selbst zu bedauern. Von Demokrit sagt man hingegen, er sei niemals, ohne zu lachen, unter Leuten gewesen. So wenig ernstzunehmen schien ihm alles, was man mit Ernst betrieb. Ist aber da Zorn am Platz, wo alles entweder lachhaft oder zum Heulen ist?

Keinen Zorn wird der Weise gegenüber Sündern empfinden. Wieso? Weil er weiß, daß niemand als Weiser auf die Welt kommt, sondern weise wird. Er weiß, daß in jeglicher Epoche nur ganz wenige sich zu Weisen entwickeln, weil er erfaßt hat, wie es um das Menschenleben steht. Niemand aber zürnt der Natur, sofern er bei Verstand ist. Wie wär's, wenn er sich wundern wollte, daß an den Büschen im Wald keine Äpfel hängen? Wie, wenn er sich verwunderte, daß Dornhecken und stachlige Sträucher nicht voll sind von irgendwelchem verwertbarem Obst? Niemand regt sich auf, wo die Natur den Mangel deckt.

Gelassen bleibt daher der Weise und wohlwollend dem Irrtum gegenüber, kein Feind, sondern ein Mahner der Sünder, und täglich geht er mit dieser Einstellung aus dem Haus: »Viele werden mir begegnen, die dem Wein verfallen sind, viele Unzüchtige, viele Undankbare, viele Habgierige, viele vom Wahnsinn des Ehrgeizes Getriebene.« Auf all das wird er so gütig schauen wie auf seine Kranken der Arzt.

Ist etwa derjenige, dessen Schiff heftig leckt, weil es allenthalben aus den Fugen geht, auf seine Mannschaft oder das Schiff selber böse? Er unternimmt lieber etwas und sucht das Wasser einerseits am Eindringen zu hindern, zum andern auszuschöpfen, stopft sichtbare Löcher zu, gegen unentdeckte, die an verborgener Stelle das Kielwasser steigen lassen, setzt er unermüdliche Arbeit und unterbricht sie nicht deshalb, weil soviel, wie ausgeschöpft wurde, von unten nachdringt.

Anhaltende Hilfe braucht es gegen beständige und üppig ins Kraut schießende Übel – nicht, damit sie enden, sondern damit sie nicht die Oberhand bekommen.

(Der Zorn II 10)

Der Mensch ist dem Menschen ein Wolf

Wenn du den Markt gedrängt voll Menschen siehst und den Wahlplatz auf dem Marsfeld überfüllt, weil alle Welt zusammenströmt, und jenen Circus, in dem das Volk sich größtenteils zeigt, dann sei dir bewußt, daß dort ebensoviele Laster wie Menschen sind. Unter denen, die du in Zivil siehst, gibt es keinen Frieden: Um einander zu vernichten, genügt die Aussicht auf ein wenig Profit.
Jedermann zieht Vorteil aus dem Schaden des anderen. Den Glücklichen hassen, den Unglücklichen verachten sie; den Höhergestellten finden sie lästig, dem Geringeren fallen sie zur Last. Von gegensätzlichen Trieben lassen sie sich leiten. Alles mag hin sein für ein bißchen Lustgewinn, das ist ihr Wunsch. Ebenso wie in einer Gladiatorenkaserne ist ihr Leben, da sie mit denselben Leuten zusammenleben und kämpfen.

Bestien haben sich da versammelt – nur daß jene zueinander friedlich sind und Artgenossen mit ihrem Biß verschonen, diese aber es genießen, sich gegenseitig zu zerfleischen. In dem einen Punkt unterscheiden sie sich von sprachlosen Tieren, daß diese sich von ihren Wärtern zähmen lassen, jene aber in ihrer Wut sogar die verschlingen, die sie großgezogen haben.

Alles ist voller Frevel und Laster, man begeht zu viele Verbrechen, als daß sie durch Bestrafung noch eingedämmt werden könnten, man mißt sich in einem ungeheuren Wettstreit der Schlechtigkeit. Größer wird tagtäglich das Verlangen nach Sünde, geringer die Scham. Ohne Rücksicht auf das, was besser und angemessener wäre, wirft sich die Gier, worauf es ihr beliebt. Und schon geschehen die Frevel nicht mehr im Verborgenen: Vor aller Augen gehen sie vonstatten, und in dem Maße ist die Verworfenheit auf die Gesellschaft losgelassen und im Innern eines jeden angewachsen, daß es Unschuld nicht etwa selten, sondern nicht mehr gibt.

Sind etwa nur einzelne oder wenige Gesetzesbrecher? Von allen Seiten, wie auf ein gegebenes Zeichen, sind sie angetreten, um Recht und Unrecht zu vermengen.

(Der Zorn II 8f.)

»Wir sind allzumal Sünder!«

Sofern wir gerecht in allen Dingen richten wollen, müssen wir erst zu der Überzeugung kommen, daß keiner von uns ohne Schuld ist. Deshalb kann man sich ja am meisten entrüsten: »Nichts hab' ich verbrochen!« und »Nichts hab' ich getan!«. Nein, nichts gibst du zu!

Wir empören uns, daß wir durch einen strengen Verweis oder eine Zwangsmaßnahme zur Ordnung gerufen wurden, und machen zur selben Zeit den Fehler, daß wir zu unseren Übeltaten noch Anmaßung und Starrsinn kommen lassen. Wer könnte frei bekennen, er habe noch gegen kein einziges Gesetz verstoßen? Und wäre es der Fall, was für eine begrenzte Unschuld ist es, nach dem Gesetz gut zu sein!

Wieviel weiter reichen die Gebote der Pflicht als die des Rechts! Wieviel fordern Nächstenliebe, Menschlichkeit, Freigebigkeit, Gerechtigkeit und Treue – und das steht nicht auf den Gesetzestafeln!

Doch nicht einmal jenem bescheidensten Maßstab der Unschuld können wir genügen: das eine haben wir getan, anderes beabsichtigt, das eine selbst gewollt, das andere durchgehen lassen! In manchem sind wir nur deshalb schuldlos, weil der Erfolg ausblieb. Bedenken wir das, seien wir Sündern gnädiger und hören wir auf unsere Kritiker! Keinesfalls soll unser Groll die Guten treffen – wen träfe es denn nicht, wenn sogar sie? – und am wenigsten die Götter, denn nicht nach ihrem Gesetz, sondern nach dem unserer Sterblichkeit müssen wir alles leiden, was uns an Unbill widerfährt.

(Der Zorn II 28)

Wozu auch aus der Haut fahren?

Frei wollen wir von diesem Übel bleiben, unsere Seele reinigen und mit der Wurzel ausreißen, was, wenn auch noch so wenig da und dort noch haftet, wieder wachsen wird, wollen den Zorn nicht begrenzen, sondern völlig vertreiben – was wäre beim Bösen denn »Begrenzung«?

Wir werden es schaffen, nur Mühe kostet es. Und nichts wird uns mehr helfen als das Bewußtsein unserer Sterblichkeit. Zu sich selbst und zu seinem Nächsten sage jeder: »Was bringt es, wenn man, wie zu ewigem Dasein geboren, aller Welt seinen Zorn zeigt und dabei die kurze Lebenszeit vergeudet? Was bringt es, die Tage, die man einem schicklichen Vergnügen widmen dürfte, zu verwenden, um jemand weh zu tun und ihn zu quälen? Nichts ist bei solchem Treiben zu gewinnen, noch hat man Zeit genug, sie zu verschwenden. Was stürzen wir in die Schlacht? Was halsen wir uns Streitigkeiten auf?«

Was vergessen wir unsere Schwäche, steigern uns in ungeheuren Haß hinein und gehen los, um, selbst hinfällig, andere anzufallen? Bald wird uns jene Feindschaften, die wir unversöhnlich pflegen, ein Fieberanfall oder eine andere Krankheit nicht mehr pflegen lassen. Bald wird die erbittertsten Kontrahenten der Tod trennen. Was regen wir uns auf und bringen durch Streitsucht Unfrieden in unser Leben? Über uns steht das Schicksal, rechnet uns die Tage, die verloren gehen, an und kommt näher und näher – der Zeitpunkt, für den du eines anderen Ende vorgesehen hast, liegt vielleicht nah an deinem!

Warum hältst du die kurze Lebenszeit nicht lieber fest und machst sie ruhevoll für dich und andere? Warum schaffst du es nicht, daß dich im Leben alle lieben und dich nach deinem Scheiden vermissen? Warum willst du dem, der allzu hochfahrend mit dir umgeht, Abbruch tun? Warum versuchst du jenen, der dich anbelfert, einen elenden, verächtlichen Kerl, der aber Höherstehenden entsetzlich lästig fällt, mit deiner Macht zu zermalmen? Warum bist du deinem Sklaven, deinem Herrn, deinem König, deinem Klienten böse? Wart' ein Weilchen! Schau, da kommt der Tod, der macht euch gleich!

Gewöhnlich sehen wir bei der Vormittagsvorstellung in der Arena Stier und Bär kämpfen, aneinander gekettet. Haben diese sich gegenseitig schwer zugesetzt, steht ihr Schlächter bereit. Eben dies tun wir: Jemanden, der an uns gekettet ist, fordern wir heraus, obwohl dem Sieger und dem Besiegten das Ende, und zwar bald, bevorsteht. Wir sollten lieber in Ruhe und Frieden das bißchen Zeit, das uns noch bleibt, hinbringen! Für niemand soll unser Leichnam daliegen als Ärgernis! *(Der Zorn III 42 f.)*

Wieviel besser ist's, ein Unrecht wiedergutzumachen als es zu vergelten! Viel Zeit vergeudet die Rache, vielfacher Unbill setzt sie sich aus, während sie sich wegen einer grämt! Länger grollen wir alle als man uns weh tut. Wieviel vernünftiger wär's, den umgekehrten Weg zu gehen und nicht dem Bösen mit Bösem zu begegnen! Darf sich jemand für einen konsequenten Menschen halten, wenn er sein Maultier widertritt, beim Hund zurückbeißt?

»Diese Tiere«, meinst du, »wissen nicht, daß sie etwas Schlechtes tun.« Zum ersten: Wie unbillig ist der, bei dem die Tatsache, daß jemand ein Mensch ist, Verzeihung unmöglich macht? Sodann: Wenn das die anderen Lebewesen vor deiner Wut bewahrt, daß ihnen Einsicht fehlt, dann solltest du jeden genauso einstufen, dem die Einsicht fehlt. Was spielt es denn für eine Rolle, ob er sonst dem stummen Vieh unähnlich ist, wenn er dadurch, was bei jedem Fehlverhalten das stumme Vieh entschuldigt, ihm ähnlich ist: durch geistige Umnachtung.

Er hat sich vergangen. Sicher zum ersten Mal? Sicher zum letzten Mal? Du brauchst ihm nicht zu glauben, wenn er sagt: »Ich tu's nicht wieder!« Ebenso wird der sich vergehen wie an ihm ein anderer – das ganze Leben wird eine Folge von Verfehlungen sein! Sanft muß man Ungesänftigtes behandeln.

Was bei Betrübnis in der Regel das wirksamste Wort ist, paßt auch auf den Zorn: »Wirst du einmal aufhören oder nie?« Hört er einmal auf, wieviel besser ist's, wenn man vom Zorn läßt, als wenn der Zorn von uns läßt. Oder soll diese Beunruhigung immer anhalten? Du siehst, was für ein friedloses Dasein du dir androhst! Wie wird es denn sein bei einem Menschen, der ständig hochgeht? Bedenke nun, daß selbst dann, wenn du dir selber tüchtig Zunder gibst und dir immer wieder die Gründe für deine Erregung vor Augen führst, von selbst der Zorn verraucht und seine Kräfte ihm die Zeit nimmt. Wieviel besser ist es also, wenn er dir unterliegt als sich selber!

(Der Zorn III 27)

Nobody is perfect

Dem Klügeren wollen wir vertrauen, dem Dümmeren verzeihen und für jedermann folgende Entschuldigung bereit haben: Auch die weisesten Männer machen viele Fehler; niemand ist so besonnen, daß er nicht irgendwann die Selbstkontrolle verlöre, niemand so vollkommen, daß ihn trotz seiner Charakterfestigkeit nicht ein dummer Zufall zu irgendeiner unüberlegten Handlung verleitete, niemand so ängstlich darauf bedacht, keinen Ärger zu erregen, daß er, während er ihn zu meiden sucht, ihn nicht bekäme.

(Der Zorn III 24)

»Glaube nicht alles, was du hörst!«

Das meiste Unheil stiftet die Leichtgläubigkeit. Häufig sollte man nicht einmal zuhören, weil es gelegentlich besser ist, etwas nicht wahrzunehmen als mißtrauisch zu werden. Verbannen muß man aus seinem Herzen Verdacht und Mutmaßung als äußerst unzuverlässige Entscheidungshelfer: »Der hat mich recht unfreundlich gegrüßt, jener meinen Kuß nur flüchtig erwidert, der ein begonnenes Gespräch abrupt beendet, der mich nicht zum Abendessen eingeladen, und die Blicke von jenem schienen mir ziemlich feindselig.«

Der Verdacht wird um eine Beweisführung nicht verlegen sein. Aufrichtigkeit braucht es und eine positive Sicht der Dinge. Nur was ins Auge fällt und mit Händen zu greifen ist, das wollen wir glauben, und immer wenn unser Argwohn sich als unbegründet erwiesen hat, wollen wir uns unsere Leichtgläubigkeit vorwerfen. Aus solcher Selbstkritik erwächst die Einstellung, nicht kurzerhand zu glauben.

(Der Zorn II 24)

Von dem, was uns kränkt, wird uns das eine mitgeteilt, anderes hören oder sehen wir selbst. Das, was uns berichtet wurde, sollten wir nicht zu rasch glauben. Viele verbreiten Lügen, um zu täuschen, viele, weil sie getäuscht wurden. Der eine will sich durch eine Anschuldigung Sympathie erwerben und denkt sich ein Unrecht aus, um den Anschein zu erwecken, der Vorfall sei ihm nahegegangen. Manch einer ist boshaft und von der Art, daß er enge Freunde entzweien möchte. Wieder einer sät gern Zwist, will sich einen Streit ansehen und aus sicherer Entfernung die betrachten, die er gegeneinander gehetzt hat.

Müßtest du über einen lächerlichen Geldbetrag als Richter entscheiden, befändest du in dem Fall nicht ohne einen Zeugen; ein unvereidigter Zeuge fiele nicht ins Gewicht; beide Parteien ließest du zu Wort kommen, nähmest dir Zeit, hörtest dir den Fall nicht nur einmal an, denn heller tritt die Wahrheit zutage, je häufiger man sie sich vor Augen führt. Einen Freund verurteilst du im Schnellverfahren? Ehe du ihn anhören, ehe du ihn fragen kannst, ehe er wissen kann, wer ihn verklagt oder was man ihm vorwirft, zürnst du? Längst ja, längst hast du gehört, was beide Seiten vorbringen? Eben der Ohrenbläser wird verstummen, wenn er Beweise bringen muß. »Du brauchst mich nicht zu drängen«, wird er sagen. »Unter Druck streite ich alles ab. Im übrigen werde ich dir nie mehr etwas verraten.« Im gleichen Augenblick hetzt er dich auf und sucht sich selber aus Gezänk und Streit herauszuhalten. Wer dir nur heimlich etwas sagen will, sagt praktisch nichts. Und was wäre ungerechter, als einem heimlichen Hinweis zu trauen und offen zu zürnen? *(Der Zorn II 29)*

»Das hab' ich auch getan!«

Da sagt man, jemand habe schlecht von dir geredet. Denke nach, ob du es zuerst getan hast, denke nach, über wie viele *du* redest! Wir wollen, meine ich, in Rechnung stellen, daß die einen kein Unrecht tun, sondern es heimzahlen, daß andere es für uns tun, andere es nur gezwungen tun, andere unwissend, und daß auch die, die es mit Absicht und wissentlich tun, selbst wenn sie uns kränken, nicht die Kränkung als solche im Sinne haben: Entweder konnte sich jemand einen guten Witz nicht verkneifen oder tat etwas nicht, um uns zu schädigen, sondern weil er nur, wenn er uns beiseite stieß, sein Ziel erreichen konnte. Oft auch kränkt Kriecherei, während sie uns schmeicheln will.

Jeder, der sich vor Augen führt, wie oft er selbst in falschen Verdacht geriet, wie vielen seiner Geschäfte der Zufall den Anschein der Unrechtmäßigkeit gab, wie viele Leute er nach anfänglicher Antipathie schätzen lernte, wird nicht sofort in Zorn geraten können, jedenfalls wenn er insgeheim bei jedem einzelnen Ereignis, woran er Anstoß nimmt, zu sich sagt: »Das habe ich auch selbst getan.«

(Der Zorn II 28)

Es ist nicht gut, alles zu sehen, alles zu hören

Viele Kränkungen könnten uns erspart bleiben – denn die allermeisten verspürt nicht, wer davon nichts weiß. Du möchtest nicht wütend sein? Sei nicht neugierig! Wer nachforscht, was man gegen ihn gesagt hat, wer spitze Bemerkungen, auch wenn sie nur heimlich fielen, ausspioniert, macht sich selbst das Leben schwer. Bei manchem bringt es erst unsere Deutung dahin, daß es als Beleidigung erscheint. Daher sollte man sich beim einen Zeit lassen, über anderes lachen, anderes verzeihen. *(Der Zorn III 11)*

Hausgemachter Ärger

Großenteils schafft man sich seinen Ärger selbst, entweder durch falschen Verdacht oder, weil man Kleinigkeiten zu ernst nimmt. Oft überfällt uns der Zorn, öfter verfallen wir ihm. Dabei darf man sich ihm nie willentlich überlassen, und wenn er uns überkommt, sollte er zurückgedrängt werden. Niemand sagt zu sich selber: »Das, weswegen ich wütend bin, habe ich getan oder hätte es tun können.«

Niemand denkt, wenn er urteilt, an die Gemütsverfassung des Täters, sondern an die Tat selbst. Und doch sollten wir jenen ins Auge fassen, ob er die Tat willentlich oder unabsichtlich beging, ob gezwungen oder getäuscht, ob er seinem Haß oder der Aussicht auf Gewinn nachgab, ob er eigene Rachsucht stillte oder Handlanger eines anderen war. Einiges bedingt das Alter des Übeltäters, einiges die Umstände, vorausgesetzt, daß es menschenmöglich ist, sich geduldig in sie zu schicken, oder wenigstens nicht demütigend.

Niemand läßt sich Zeit; und doch ist es das beste Mittel gegen den Zorn, sich Zeit zu lassen, damit sein erstes Aufbrausen abklingt und das Dunkel, das den Geist erfüllt, sich verzieht oder weniger dicht wird. Manches von dem, was dich hinreißen wollte, wird eine Stunde, nicht erst ein Tag in milderem Licht erscheinen lassen, manches wird sich völlig verflüchtigen; und hat der Aufschub, den man sich gewährt hat, nichts gebracht, zeigt sich zumindest, daß man nun urteilt, nicht wütet. Bei allem, dessen Wert du erkennen möchtest, vertraue der Zeit. Nichts läßt sich im Trubel der Ereignisse sorgfältig prüfen. *(Der Zorn III 12)*

Sich selbst besiegen …

Kämpfe mit dir selbst!

Wenn *du* den Zorn bezwingen willst, schafft er es nicht bei dir. Der erste Schritt zum Sieg ist, wenn er verborgen bleibt, wenn ihm der Ausbruch nicht gestattet wird. Seine Anzeichen wollen wir unterdrücken und ihn, soweit es möglich ist, in unserem Inneren verstecken. Das wird nur unter großer Beschwernis für uns gelingen, er will nämlich heraustreten und die Augen entzünden und die Züge verzerren; doch wenn er aus uns hervorbrechen durfte, ist er uns über. Ganz tief in der Brust sei er vergraben, beherrscht, nicht beherrschend. Nein, ins Gegenteil wollen wir alle seine Merkmale verwandeln; unsere Miene sei entspannt, die Stimme sanfter, der Gang ruhiger. Allmählich wird mit dem Äußeren das Innere veredelt. *(Der Zorn III 13)*

»… werde hart!«

Abhärtung braucht die Seele, damit sie keine anderen Schläge spürt als schwere. *(Der Zorn II 25)*

Dazu hast du Ohren, daß du nicht nur Wohlklingendes und Zartes und reichlich mit Honigseim Versetztes zu hören bekommst: Auch Gelächter mußt du vernehmen und Weinen, Schmeichelei und Gezänk, Erfreuliches und Betrübliches, Menschenworte und das Schnauben der Tiere und Gebell. Warum, du Elender, fährst du zusammen, wenn ein Sklave schreit, ein Becken klirrt oder eine Tür zufällt? Obwohl du so empfindlich bist, mußt du Donnerschläge anhören!

Was eben über die Ohren gesagt wurde, gilt auch für die Augen, die ebenso unter Empfindlichkeit leiden, wenn man sie schlecht erzogen hat: Ein Fleck beleidigt sie und Schmutz und Tafelsilber, das nicht recht glänzt, und ein Schwimmbad, bei dem man nicht bis auf den Boden sehen kann. Doch diese Augen, die es unerträglich finden, wenn der Marmor nicht schimmert und frisch auf Hochglanz poliert ist, wenn die Tischplatte nicht reiche Maserung aufweist, Augen, die sich wünschen, daß man im Hause nur über Böden geht, wertvoller noch als Gold, die schauen höchst gleichgültig außer Haus auf rauhe, dreckige Trampelpfade, auf die großenteils schmutzbedeckten Leute, die ihnen begegnen, und auf die verwitterten Mauern der Mietshäuser mit ihren Rissen und Unebenheiten.
Was ist es demnach sonst, was sie in der Öffentlichkeit nicht Anstoß nehmen läßt und daheim erbost, als ihre Einstellung, dort gelassen und tolerant, zu Hause pedantisch und mit nichts zufrieden? *(Der Zorn III 35)*

Selbsterkundung

Was ist besser als die Gewohnheit, den ganzen abgelaufenen Tag kritisch durchzugehen? Und welch ein Schlaf stellt sich nach der Selbsterkundung ein! Wie friedvoll, wie tief und sorglos, wenn die Seele entweder entlastet oder ermahnt wurde und der Selbstprüfer und heimliche Richter sich zu seinem Lebenswandel verhörte!

Ich nütze diese Möglichkeit und verantworte mich täglich vor mir selbst. Wenn man die Lampe weggetragen hat und meine Frau verstummt ist, da sie meine Gepflogenheit bereits kennt, gehe ich meinen ganzen Tageslauf durch und überdenke nochmals mein Handeln und Reden. Nichts verheimliche ich mir, nichts übergehe ich. Weshalb sollte ich etwas infolge meiner Irrtümer zu besorgen haben, wenn ich doch sagen kann: »Sieh zu, daß du das nicht weiterhin tust! Für heute verzeihe ich dir. In jener Debatte hast du zu eigensinnig deinen Standpunkt vertreten. Laß dich in Zukunft nicht mit ungebildeten Menschen ein: Nicht lernen will, wer nie gelernt hat. Den dort hast du rücksichtsloser kritisiert als du es gedurft hättest. Darum hast du ihn nicht gebessert, sondern beleidigt.«

Bei einer Einladung haben dich der ätzende Spott bestimmter Leute und beiläufige Äußerungen, die dich ärgern sollten, getroffen. Meide gemeinen Umgang, denk daran! Noch hemmungsloser ist nach dem Gelage die Unverschämtheit, weil solche Leute nicht einmal nüchtern Schamgefühl besitzen. Entrüstet sahst du deinen Freund über den Portier irgendeines Anwalts oder eines Reichen, weil er ihn nicht vorgelassen hatte, und du selbst hast dich für ihn entrüstet über einen ganz verächtlichen Sklaven. Also bist du wütend auf einen Kettenhund? Auch der wird, hat er lang genug gebellt, sobald man einen Brocken hinwirft, zahm. Nimm etwas Abstand und lache! Jetzt hält sich der Bursche für weiß Gott was, weil er Wächter einer von prozessierenden Parteien belagerten Haustür ist; jetzt ist der drinnen in seinem Bett beglückt und selig und meint, es sei für einen glücklichen und mächtigen Mann kennzeichnend, daß man nur schwer über seine Schwelle kommt. Er weiß es nicht: Am schwersten öffnet sich die Tür eines Kerkers!

Stelle dich darauf ein, daß du viel auszuhalten hast! Wer wundert sich darüber, daß ihn im Winter friert? Wer, daß er auf dem Meer seekrank, daß er auf einer Reise durchgeschüttelt wird? Tapfer ist man dem gegenüber, dem man sich vorbereitet nähert. *(Der Zorn III 36f.)*

Tapferkeit ohne Widerpart erlahmt. Dann erst zeigt sie, wie groß sie ist und was sie vermag, wenn im Durchhalten sich ihre Stärke offenbart. Du solltest dir bewußt sein, daß gute Männer dasselbe tun müssen, so daß sie Hartes und Schweres nicht scheuen und nicht über ihr Schicksal klagen, daß sie alles, was geschieht, als gut annehmen und zum Guten wenden.

Nicht was, sondern wie man erträgt, ist wichtig.

Ein Vaterherz hat Gott für gute Menschen, er liebt sie kraftvoll und spricht: »Mit Mühen, Schmerzen und Verlusten sollen sie sich herumschlagen, daß sie wahre Kraft sammeln.«

Schlapp bleibt, was sich beim Nichtstun mästet: Nicht Anstrengung allein, sondern schon Bewegung und das eigene Gewicht führen zur Erschöpfung. Keinen Schicksalsschlag erträgt ein nie getrübtes Glück, doch wer ständig mit den eigenen Schwierigkeiten zu kämpfen hatte, der bekam Schwielen gegen die Schläge; er weicht vor keinem Übel, und wenn er stürzte, kämpft er kniend weiter.

(Die Vorsehung 2)

»Nichts«, so sprach einmal mein Freund Demetrius, »scheint mir unglücklicher als einer, dem nie irgend etwas Widriges zugestoßen ist.« Ein solcher Mensch hatte nämlich nicht die Möglichkeit, sich zu prüfen. Gesetzt, alles gelang ihm, wie er's wünschte, gesetzt sogar, bevor er's wünschte, so haben doch die Götter ein schlimmes Urteil über ihn gefällt: Unwert schien er ihnen, einmal das Schicksal zu überwinden, das gerade den größten Feiglingen aus dem Weg geht, als wollte es sagen: »Wozu soll ich mir den Kerl da zum Gegner nehmen? Auf der Stelle wird er die Waffen strecken! Gegen ihn braucht es nicht meine ganze Macht; eine leise Drohung wird ihn in die Flucht schlagen; er kann meinen finsteren Blick nicht ertragen. Sehen wir uns nach einem anderen um, mit dem ich handgemein werden kann! Eine Schande wär's, mit einem Menschen zu kämpfen, der zur Niederlage bereit ist.« *(Die Vorsehung 3)*

Glück kommt auch zum Pöbel hinab und zu minderwertigen Geistern. Aber das Unglück und die Schrecknisse der Menschen unters Joch zu schicken, das eignet einem großen Mann. Stets glücklich zu sein und ohne Seelenwunde durchs Leben zu gehen, das bedeutet Unkenntnis der anderen Seite unserer Welt.
Du bist ein großer Mann? Doch woher soll ich das wissen, wenn dir das Schicksal nicht die Chance bietet, dich als Mann zu zeigen?

Ähnlich könnte ich auch mit einem tüchtigen Mann sprechen, wenn ihm kein ungünstigeres Ereignis Gelegenheit gab, seine Seelenstärke zu zeigen: »Bedauernswert muß ich dich nennen, weil du nie bedauernswert warst. Du bist ohne Gegner durchs Leben gegangen; so wird niemand wissen, wozu du fähig warst, nicht einmal du selbst.«

Man braucht, um sich zu kennen, eine Prüfung.

(Die Vorsehung 4)

Woher kann ich wissen, wieviel Seelenstärke du angesichts der Armut aufbringst, wenn du im Geld schwimmst? Woher kann ich wissen, wieviel Unerschütterlichkeit du angesichts von Beschimpfung und Rufmord und öffentlicher Anfeindung besitzt, wenn du bis ins Alter Beifall findest, wenn dir beständig aus dem Herzen kommende Sympathie zuteil wird? Woher weiß ich, wie gelassen du den Verlust deiner Kinder tragen wirst, wenn du alle, die du als die deinen von der Erde aufnahmst, am Leben siehst?

Ich habe dir zugehört, als du andere getröstet hast. Doch dann erst hätte ich in dein Herz geblickt, wenn du dich selbst getröstet, wenn du dir selbst den Schmerz versagt hättest.

Nein, ich beschwöre euch, erbebt nicht davor, wenn die unsterblichen Götter euer Herz sozusagen die Peitsche fühlen lassen: Unglück ist die Chance, sich als Mann zu zeigen.

Jene darf man wahrhaft elend nennen, die in allzugroßem Glück hindämmern, die wie auf ruhiger See Windstille träge macht. Alles, was ihnen zustößt, kommt unverhofft; ärger setzt grimmiger Schmerz denen zu, die ihn nie kennenlernten. Schwer ist für einen weichen Nacken das Joch; schon die Ahnung, er sei verwundet, läßt einen Rekruten erblassen; furchtlos sieht der Veteran die roten Flecken: er weiß, daß er oft siegte, nachdem er Blut vergoß.

Die also, die Gott anerkennt und die er liebt, die stählt, prüft und schleift er. Die aber, die er scheinbar mild behandelt, die er schont, spart er verzärtelt auf für kommendes Unheil.

Ihr täuscht euch nämlich, wenn ihr meint, jemand bleibe davon ausgenommen. Es fällt auch jenem lang von Glück Verwöhnten sein Anteil zu; jeder, der davon freigestellt scheint, wurde nur zurückgestellt.

Weshalb schlägt Gott gerade die Besten mit Krankheit und Leid und anderen Plagen? Weil auch im Krieg gefährliche Aufgaben den Tapfersten anvertraut werden. Der Heerführer schickt sorgsam ausgewählte Leute, die den Feind nachts aus dem Hinterhalt angreifen oder den Weg erkunden oder eine Besatzung aus ihrer Stellung werfen sollen. Keiner von denen, die ausrücken, sagt: »Übel hat der General mir mitgespielt!«, sondern: »Gut hat er entschieden.« Dasselbe sollen alle sagen, die man dulden läßt, worüber Ängstliche und Feige jammern. »Wir schienen vor Gott würdig, um an uns zu erproben, wieviel die menschliche Natur zu ertragen vermag.«

Flieht das Vergnügen, flieht ein Glück, das euch matt und benommen macht, sofern nichts dazwischenkommt, das an euer Menschenlos erinnern könnte, benommen wie Leute, die im Dauerrausch verdämmern!

Ist's ein Wunder, wenn mit Härte Gott die edlen Geister prüft? Nie läßt sich Stärke durch eine gelinde Probe erweisen. Zerschlägt und peinigt uns das Schicksal? Wir wollen es ertragen: Nicht blindes Wüten ist's, es ist ein Wettstreit, und je häufiger wir uns darauf einlassen, um so tapferer werden wir.

Am festesten ist unser Körper dort, wo ihn beständige Übung stählte. Preisgeben müssen wir uns dem Schicksal, um dagegen eben dadurch hart zu werden. Allmählich wird es uns zu Gegnern machen, die ihm gewachsen sind, und Gefahren zu verachten wird uns dauernde Gefährdung lehren. *(Die Vorsehung 4)*

Damit ein Mann geschaffen wird, über den man mit Anteilnahme sprechen kann, braucht es ein stärkeres Gerüst. Er hat keine bequeme Reise vor sich; hoch muß er hinauf und in die Tiefe, durch die Meere treiben und sein Schiff bei rauher See lenken. Dem Schicksal muß er entgegensteuern. Viel Hartes, Widriges wird ihm zustoßen, doch nur, daß er es bewältigt und niederzwingt – aus eigener Kraft!

Feuer prüft Gold, Unbill mutige Männer.

Kleinmütige und Schwächlinge suchen den sicheren Weg. Über Gipfel geht der Held. *(Die Vorsehung 5)*

Mit allem rechnen

Das größte Unglück: zu großes Glück

Wenngleich alles, was das rechte Maß überschreitet, Schaden bringt, ist doch am gefährlichsten die Maßlosigkeit im Glück: Sie verwirrt den Verstand, sie verlockt das Herz zu eitlen Phantasien, sie verbreitet dichtes Dunkel, das Falsches und Wahres nicht mehr trennen läßt. Wieso sollte es nicht besser sein, dauerndes Unglück, wenn man die Tugend um Beistand bittet, zu ertragen, als inmitten von maß- und grenzenlosem Besitz sich zu zerschleißen?

(Die Vorsehung 4)

In der Bruchbude

»Doch Kümmernis und Schmerzen befallen uns.«
Mit irgendetwas müssen wir halt fertig werden, nachdem wir eine baufällige Behausung bekommen haben.

(Der Zorn II 28)

Wer den Tod fürchtet, wird nie etwas so wie ein lebensfroher Mensch tun. Wer aber weiß, daß ihm dieses Los schon seit dem Augenblick, als er empfangen wurde, bestimmt ist, wird entsprechend dieser Bestimmung leben und eben durch seine Seelenstärke auch das erreichen, daß ihn kein Ereignis unvermutet trifft. Indem er nämlich auf alles, was geschehen kann, gefaßt ist, als würde es geschehen, lindert er die Wucht aller Schicksalsschläge, die jemandem, der auf sie vorbereitet ist und sie erwartet, nichts Unverhofftes bringen, aber Menschen, die sich geborgen glauben und nur nach Glück ausschauen, schwer heimsuchen.

Krankheit, Gefangenschaft, Zerstörung, Feuer – nichts davon kommt unvermutet. Ich wußte längst, in welch ungemütliches Quartier mich die Natur gesteckt hat. So oft hat man in meiner Nachbarschaft die Totenklage angestimmt; so oft trug man an meiner Schwelle einem zu früh Verstorbenen Fackeln und Kerzen voraus; oft war aus der Umgebung das Krachen eines Hauseinsturzes zu hören. Viele von denen, die das Forum, das Rathaus, das gelehrte Gespräch mir nahegebracht hatte, hat mir die Todesnacht geraubt und die eng verschlungenen Hände der Gefährten auseinandergerissen.

Sollte ich mich wundern, daß auch ich irgendwann von den Gefahren bedroht bin, die sich stets rings um mich allgegenwärtig zeigten? Ein Großteil der Menschen denkt vor einer Seefahrt nicht an den Sturm.

Niemals will ich mich in einer guten Sache eines schlechten Gewährsmannes schämen: Publilius Syrus, wortgewaltiger als die großen Tragiker und Komiker, sobald er auf die Albernheiten der Posse und auf Späße für die Galerie verzichtete, sagte unter anderem, was selbst im Trauerspiel, nicht nur in einer Farce, ganz starken Eindruck hätte machen können, auch folgendes:

Jedweden kann das treffen, was überhaupt wen treffen kann.

Wenn einer diesen Satz beherzigt und alles fremde Unglück, wovon es ja täglich eine ganze Menge gibt, so betrachtet, als könnte es ohne weiteres auch über ihn kommen, wird er sich weit eher rüsten, als er heimgesucht wird. Zu spät wappnet sich die Seele, Gefahren zu ertragen, im Anblick der Gefahr. *(Die Seelenruhe 11)*

Völlig geborgen

Wer sich auf seine Vernunft verläßt und durch die Wechselfälle seines Menschenlebens mit gotterfülltem Herzen geht, hat nichts, wo er ein Unrecht leiden könnte. Durch einen Menschen nur, meinst du? Ich behaupte: Nicht einmal durch das Schicksal, das sich immer, wenn es sich mit einem vollkommenen Mann messen wollte, geschlagen geben mußte. *(Die Unerschütterlichkeit des Weisen 8)*

»Das hätt' ich nicht gedacht!«

»Ich hätte nicht geglaubt, daß das geschehen würde«, und: »Hättest du je vermutet, daß das vorkommen könnte?« Warum denn nicht? Was ist das für ein Reichtum, hinter dem nicht bittere Armut und Hunger und Bettlerelend herschlichen? Was ist das für eine hohe Stellung, bei der nicht zum Staatsgewand und Feldherrnzelt und Schnürschuh des Patriziers auch schmutziger Vorwurf und schimpfliche Brandmarkung und tausend Makel und äußerste Verachtung kommen könnten? Was ist das für ein König, dem nicht sein Sturz, seine Erniedrigung, sein Gebieter und sein Henker schon bestimmt wären? Und das alles trennen keine gewaltigen Zeiträume: Nur eine kurze Stunde liegt zwischen Thron und Fußfall.

Sei dir daher bewußt, daß jede Lage wandelbar ist und alles, was irgendjemandem zustößt, auch dir zustoßen kann. *(Die Seelenruhe 12)*

Sieh dich vor!

Wenn du bei solchem Auf und Nieder im Wandel der Verhältnisse nicht alles, was geschehen kann, bestimmt erwartest, gibst du dem Unglück Kräfte gegen dich, die ein jeder bricht, der sich vorsah. *(Die Seelenruhe 11)*

Alles kommt weniger schlimm, wenn man mit allem rechnet. *(Die Unerschütterlichkeit des Weisen 19)*

Warum den Tod fürchten?

Dorthin zurückzukehren, von wo man kam – was ist daran schwer? Übel lebt ein jeder, der nicht gut zu sterben weiß.
(Die Seelenruhe 11)

Freundschaften, Feindschaften

Ein Freund, ein guter Freund ...

Nichts wird wohl das Herz in gleicher Weise ergötzen wie die Freundschaft, wenn sie aufrichtig und innig ist. Was für ein Glück ist es, wenn man Menschen hat, denen man sorglos jedes Geheimnis anvertrauen kann, deren Mitwissen man weniger fürchten muß als das eigene, deren Worte den Kummer lindern, deren Vorschlag Rat schafft, deren Heiterkeit üble Laune schwinden läßt, deren bloßer Anblick erfreut!

Dazu suchen wir uns, soweit das möglich ist, Menschen ohne schlechte Neigungen, denn die Laster verbreiten sich unmerklich, springen auf den jeweils Nächsten über und schaden durch ihr böses Beispiel. Wie wir uns daher bei einer Seuche vorsehen müssen, daß wir uns nicht zu schon Erkrankten, Fieberglühenden setzen, weil wir uns gefährden und uns durch den bloßen Anhauch das Leiden zuziehen können, so werden wir bei der Auswahl unserer Freunde auf ihr Wesen achten, um möglichst unverdorbene zu erhalten. Anfang der Krankheit ist es, wenn dem Kranken Gesundes nahekommt. *(Die Seelenruhe 7)*

Die schwere Kunst des Schenkens

Der irrt, der Schenken für eine leichte Sache hält: In Menge stellen sich die Schwierigkeiten ein, wenn man nur mit Überlegung gibt und nicht nach Lust und Laune austeilt. Dem einen erweise ich einen Dienst, dem anderen bezahle ich eine Schuld; dem greife ich unter die Arme, des anderen erbarme ich mich, und bei jenem lege ich zu, weil er's verdient, daß ihn die Armut nicht herunterzieht und hart bedrückt.

Manchen gebe ich nicht, obschon nichts da ist, denn selbst wenn ich gebe, wird bald nichts mehr da sein. Manchen werde ich etwas anbieten, anderen es sogar aufnötigen. Ich kann bei solchem Tun nicht unbedacht vorgehen. Nie führe ich das Schuldbuch genauer, als wenn ich schenke. »Was?« wirfst du ein, »du willst etwas zurückbekommen, wenn du schenkst?« Nein, ich will nur nichts verlieren.

Da ist ein Geschenk gut aufgehoben, von wo es nicht wieder verlangt werden darf, jedoch wieder vergolten werden kann. Eine Wohltat sei eine sichere Anlage, gleich einem tief vergrabenen Schatz, den man nur dann ausgräbt, wenn es nötig ist. *(Das glückliche Leben 24)*

Streit vermeiden

Man sollte sich nie auf Gezänk und Gerangel einlassen, sondern die Füße in die Hand nehmen – und fort!
(Die Unerschütterlichkeit des Weisen 19)

Mit einem gleichstarken Gegner zu streiten ist riskant, mit einem überlegenen wahnwitzig, mit einem unterlegenen schimpflich. *(Der Zorn II 34)*

Jemand ist wütend. Du indessen sei ihm gefällig und bring ihn dahin, es dir nachzutun. Gleich schwindet die Feindschaft, wenn eine Seite davon abläßt. Doch beide ereifern sich im Zorn; es kommt zum Konflikt. Nun ist besser, wer zuerst nachgibt; der Besiegte ist der Sieger. *(Der Zorn II 34)*

Nichts ist ärger als Feindschaften. Die erregt der Zorn. Nichts ist verderblicher als der Krieg. Dazu versteigt sich der Zorn der Mächtigen. Im übrigen ist auch der Groll unter ganz gewöhnlichen Leuten ein ohne Waffen und Soldaten geführter Krieg. Zudem muß der Zorn – um von dem abzusehen, was gleich folgen wird: Verluste, Anschläge, ständige Unruhe im Hin und Her des Streits – schon Strafe leiden, während er bestraft: Er entäußert sich der Menschlichkeit. Sie mahnt zur Liebe, er zum Haß, sie heißt helfen, er schaden. *(Der Zorn III 5)*

Du siehst die Leute da, die meine Rednergabe loben, die hinter meinem Reichtum her sind, die um meine Gunst buhlen, die meinen Einfluß rühmen. Sie alle sind entweder meine Feinde oder, was auf dasselbe hinausläuft, könnten es sein. Ebensogroß wie die Schar der Bewunderer ist die der Neider. Wieso strebe ich nicht nach etwas, das erwiesenermaßen ein Gut ist, dessen ich gewiß sein kann und das ich nicht herzuzeigen brauche? Das, was ins Auge fällt, wovor man stehen bleibt, was man einander staunend zeigt, glänzt nur äußerlich; inwendig ist's jämmerlich.

(Das glückliche Leben 2)

Daran gibt es keinen Zweifel, daß derjenige sich von der Masse abhebt und über ihr steht, der auf Beleidiger herabschaut. Es ist kennzeichnend für wahre Größe, Kränkung nicht zu fühlen. *(Der Zorn III 25)*

Wehre den Anfängen!

Erstens ist es leichter, Schädliches von sich fern als unter Kontrolle zu halten, es nicht an sich heranzulassen als ihm danach ein Maß zu setzen. Denn wenn es sich erst eingenistet hat, ist es stärker als der, der es zügeln will, und duldet weder Beschränkung noch Minderung.

Zweitens hat die Vernunft selbst, wenn man ihr die Zügel überläßt, nur so lange die Oberhand, wie sie eine klare Trennlinie zu den Leidenschaften ziehen kann. Hat sie sich mit ihnen eingelassen und sich besudelt, kann sie nicht mehr bändigen, was sie hätte austreiben können. Einmal erschüttert und aus der Bahn geworfen, ist der Geist dem untertan, was ihn straucheln ließ.

Manches steht nur ganz zu Anfang in unserer Macht; später reißt es uns durch seine Dynamik mit sich fort und erlaubt uns keine Umkehr.
Wie Menschen, sobald sie sich in einen Abgrund stürzen, keine Macht mehr über ihren Körper haben und seinen Fall weder aufhalten noch verlangsamen können, sondern jede Entscheidung und Sinnesänderung der unabänderliche Absturz verwehrt und sie auf jeden Fall da enden müssen, wo sie nicht hätten enden müssen, ebenso steht es der Seele, wenn sie sich dem Zorn, der Liebe und anderen Leidenschaften überlassen hat, nicht mehr frei, deren ungestümes Drängen zu hemmen. Schleunigst muß sie es erfüllen, müssen sie ihr eigener Schwung in die Tiefe reißen und die Laster, die ihre Natur dahin treibt.

Am besten ist es, die erste Regung des Zorns gleich zu unterdrücken, sich ihm schon beim Aufkeimen zu widersetzen und darauf bedacht zu sein, nicht in Wut zu geraten. Denn wenn er uns erst einmal aus der Bahn geworfen hat, ist der rettende Rückweg schwierig, weil keine Vernunft mehr ist, wo einmal die Leidenschaft Zugang fand und wir ihr willig irgendein Recht eingeräumt haben. Sie wird fortan soviel in Gang setzen, wie sie will, nicht, wieviel wir ihr gestatten. *(Der Zorn I 7f.)*

Bei den sonstigen Affekten kann man sich Zeit lassen; sie erlauben eine recht bedächtige Behandlung. Der Zorn mit seinem hitzigen Ungestüm, in das er sich selbst hineinsteigert, entwickelt sich nicht nach und nach, sondern ist gleich zu Beginn voll da und stört nicht nur, wie die anderen Fehlhaltungen, das seelische Gleichgewicht, sondern reißt mit sich fort, läßt alle Selbstbeherrschung vergessen, weckt das leidenschaftliche Verlangen, alles zu vernichten, und geht in seiner Raserei nicht bloß auf ein bestimmtes Ziel los, sondern auf alles, was sich ihm in den Weg stellt.

Die übrigen Charakterschwächen trüben den klaren Verstand, der Zorn schaltet ihn aus. Und selbst wenn man seinen Affekten nicht Einhalt gebieten kann, können doch die Affekte selbst zur Ruhe kommen. Der Zorn aber, gleich Blitzen und Stürmen und allem was sonst unbeeinflußbar ist, weil es sich nicht entwickelt, sondern hereinbricht, steigert seine Gewalt immer mehr. Andere Laster sind unvernünftig, dieses ist krankhaft; andere schleichen sich nur langsam ein und nehmen unmerklich zu; dem Zorn verfällt man plötzlich. Nichts ist zwanghafter: unbesonnen, zur Gewaltanwendung bereit, im Erfolg überheblich, bei Enttäuschung wütend. Nicht einmal durch einen Fehlschlag zum Aufgeben bewegt, schnappt der Zorn, sobald ihm ein Zufall seinen Widerpart entzogen hat, nach sich selber. Es spielt auch keine Rolle, wie gewichtig der Anlaß ist, aus dem er sich entwickelt; aus Geringfügigstem steigert er sich ins Ungeheure.

(Der Zorn III 1)

Erregung macht blind

Der Zorn ist, aufs ganze gesehen, unausgeglichen: Bald überschreitet er das gebotene Maß, bald bleibt er hinter dem zurück, was nötig wäre; er überläßt sich nämlich sich selber und urteilt nach Belieben und will nicht hören und gibt der Verteidigung nicht Raum und hält das fest, was er an sich gerissen hat, und läßt nicht zu, daß sein Urteil aufgehoben wird, auch wenn es verfehlt ist.

Die Vernunft widmet beiden Parteien ihre Zeit. Dann holt sie auch sich selbst sachkundigen Rat, um in Ruhe die Wahrheit herauszufinden. Der Zorn übereilt sich. Die Vernunft will ein gerechtes Urteil fällen. Der Zorn will, daß sein Urteil als gerecht erscheint. Die Vernunft sieht nur auf das, worum es geht. Der Zorn erregt sich über Unwesentliches und dem Fall Fernliegendes. *(Der Zorn I 17f.)*

Blick in den Spiegel

»Manchmal war«, wie mein Freund Sextius meint, »für Zornige ein Blick in den Spiegel von Nutzen. Betroffen machte sie die gewaltige Veränderung, die mit ihnen vorgegangen war, und wie bei einer Gegenüberstellung erkannten sie sich nicht wieder.« Und wie wenig von der tatsächlichen Verunstaltung konnte jenes Spiegelbild zeigen! Die Seele, wenn sie sich zeigen und wenn sie in irgendeinem Stoff sichtbar werden könnte, würde uns einen erschütternden Anblick bieten, schwarz und fleckig und aufschäumend und verwachsen und geschwollen! *(Der Zorn II 36)*

Keine Ausreden, bitte!

Wir brauchen uns keinen Verteidiger zu suchen und keine Rechtfertigung unserer Haltlosigkeit, indem wir sagen, sie sei nützlich oder unvermeidbar – welchem Laster hat es je an einem Fürsprecher gefehlt? Du hast auch keinen Grund zu der Behauptung, man könne es nicht ausmerzen. Wir leiden an heilbaren Krankheiten, und da wir zum Guten geboren sind, hilft uns die Natur selbst, wenn wir uns nur bessern wollen. Und keineswegs ist, wie es manchen schien, der Aufstieg zur Vollkommenheit steil und rauh. Man erreicht sie auf ebener Straße. *(Der Zorn II 13)*

Ist Rache süß?

»Aber der Zorn bringt doch auch eine gewisse Lust mit sich, und süß ist es, Leid heimzuzahlen.« Mitnichten. Denn es ist nicht so wie bei Freundschaftsdiensten: Zwar bringt es Ehre, wenn man Wohltat mit Wohltat, nicht aber, wenn man Unrecht mit Unrecht vergilt. Dort wäre es schändlich, sich übertreffen zu lassen, hier, seinen Willen durchzusetzen. Unmenschlich klingt, auch wenn man es rechtfertigen kann, das Wort Rache. Und Vergeltung unterscheidet sich nicht sehr von einer Gewalttat, nur in der Abfolge: Wer eine Kränkung heimzahlt, kann lediglich mit mehr Verständnis für sein Fehlverhalten rechnen. *(Der Zorn II 32)*

Selbstkritik

Wenn unser Geist je die Möglichkeit zur Entspannung und zum Rückzug auf sich selbst erhält, wie wird er sich dann gründlich prüfen, die Wahrheit eingestehen und sagen: »Alles, was ich bisher tat, hätte ich lieber nicht getan. Wenn ich all mein Reden bedenke, dann beneide ich die Stummen. All meine Wünsche kommen mir wie Verwünschungen meiner Feinde vor. Alles, was ich fürchtete, ihr guten Götter, um wieviel harmloser war es als was ich begehrte! Mit vielen war ich verfeindet und habe nach dem Zerwürfnis mit ihnen wieder Freundschaft geschlossen – sofern es unter Schlechten so etwas wie Freundschaft geben kann. Mir selbst bin ich noch kein Freund. Ich habe mir alle Mühe gegeben, mich über die Masse zu erheben und durch irgendein Talent aufzufallen – doch damit habe ich mich nur zur Zielscheibe gemacht und dem Neid gezeigt, wo er mich verwunden kann.« *(Das glückliche Leben 2)*

Vermeidbare Fesseln

Blick nach oben

Arm ist der Geist, den Irdisches erfreut; dem sollte man ihn zuwenden, was sich überall gleichermaßen zeigt, was überall gleichermaßen leuchtet. Auch gilt es zu bedenken, daß so Unwichtiges infolge von Irrtümern und Fehleinschätzungen den Blick auf die wahren Güter versperrt. Je längere Säulengänge manche Leute anlegen, je höher sie ihre Paläste bauen, je weiter sie ihre Gutshöfe ausdehnen, je tiefer sie ihre Sommerkeller ausschachten, mit je größerem Aufwand sie die Giebel ihrer Speisesäle hochziehen, desto mehr ist da, was ihnen den Himmel verbirgt.

(Trostschrift für Mutter Helvia 9)

Lerne verzichten!

Daß daran nichts Schlimmes ist, sieht jeder ein, wenn er nur noch nicht dem Wahnsinn einer alles verderbenden Habgier und Verschwendungssucht verfallen ist. Wie wenig ist es doch, was zur Erhaltung eines Menschen nötig ist! Und wem kann das fehlen, wenn er auch nur eine gute Eigenschaft hat? Was jedenfalls mich angeht, so merke ich, daß ich nicht Besitz eingebüßt habe, sondern Behinderungen. Der Leib stellt nur geringe Ansprüche: Er will, daß Kälte ferngehalten, daß durch Essen und Trinken Hunger und Durst gestillt wird. Alles, was man sonst gern haben möchte, darum plagt man sich aus Lasterhaftigkeit und nicht, weil man es braucht. Nicht nötig ist es, jede Meerestiefe zu durchsuchen, auch nicht, mit abgeschlachteten Lebewesen sich den Bauch zu füllen, auch nicht, die

Muscheln des fernsten Meeres an unbekannter Küste auszugraben. *(Trostschrift für Mutter Helvia 10)*

Die armen Reichen

Von überall lassen sie alles Bemerkenswerte für ihren verwöhnten Gaumen herbeischaffen. Was ihr von Schlemmerei erschöpfter Magen kaum noch aufnehmen kann, das wird aus weiter Ferne hergebracht, vom Weltmeer. Sie speien, um zu fressen, sie fressen, um zu speien, und die Genüsse, die sie auf der ganzen Welt zusammensuchen, geruhen sie nicht einmal zu verdauen.

O die Bedauernswerten, deren Geschmacksnerven nur bei teurer Kost gereizt werden! Teuer macht diese aber nicht ausgezeichneter Geschmack oder irgendein Gaumenkitzel, sondern ihre Seltenheit und die Schwierigkeit, sie zu beschaffen. Überhaupt, wenn jene Leute etwa wieder zur Vernunft kommen wollten, wozu braucht man soviele Gewerbe, die nur dem Bauch dienen? Wozu Fernhandel? Wozu plündert man die Wälder? Wozu durchforscht man die Tiefsee? Rings um uns liegen Nahrungsmittel bereit, die die Natur überall verteilt hat; aber daran gehen sie wie Blinde vorbei und durchwandern alle Erdteile, überqueren die Meere, und während sie ihren Hunger ganz billig stillen könnten, rufen sie ihn mit viel Aufwand erst hervor.

Man möchte sagen: »Was laßt ihr Schiffe auslaufen? Was wappnet ihr euch gegen wilde Tiere und gegen Menschen? Was rennt ihr in solcher Aufregung hin und her? Was häuft ihr Schätze auf Schätze? Ihr wollt nicht daran denken, was für kleine Bäuche ihr habt! Ist's denn nicht Irrsinn und höchste geistige Verblendung, obwohl man nur so wenig zu sich nehmen kann, viel zu verlangen?«

So geht es Leuten, die ihren Reichtum nicht nach der Vernunft bemessen, die feste Maßstäbe kennt, sondern nach ihrem lasterhaften Lebensstil, dessen Ansprüche grenzenlos und unstillbar sind. Der Gier ist nichts genug, doch der Natur genügt sogar – zu wenig!

Wer sich daher auf das von der Natur gesetzte Maß beschränkt, wird keine Armut empfinden. Wer das von der Natur gesetzte Maß überschreitet, dem wird auch im größten Reichtum die Armut nicht von der Seite weichen. Unserer Notdurft genügen selbst Verbannungsorte, für Überflüssiges nicht einmal Königreiche. Der Geist ist's, der reich macht. *(Trostschrift für Mutter Helvia 10 f.)*

Wie leicht ist's, unbeschwert zu leben!

Unter günstigen Voraussetzungen sind wir ins Leben getreten, sofern wir diese nicht ungenutzt lassen: Die Natur hat es so eingerichtet, daß man, um gut zu leben, keinen großen Aufwand treiben muß. Ein jeder kann sich glücklich machen. Äußere Umstände haben nur geringe Bedeutung und fallen im Guten und im Schlechten nicht sehr ins Gewicht: Weder macht das Glück einen Weisen überheblich noch bedrückt ihn Mißgeschick. Sein Bestreben war es ja stets, am meisten auf sich selbst zu bauen und alle Freude aus sich selbst zu schöpfen. *(Trostschrift für Mutter Helvia 5)*

... und wie anders geht es bei den meisten zu!

Während sie fortgerissen werden und fortreißen, während einer des anderen Ruhe stört, während sie im Wechsel unglücklich sind, bleibt ihr Leben ohne Ertrag, ohne Freude, ohne irgendeine Form von geistigem Fortschritt.

Manche mußten, ehe sie das letzte Ziel ihres Ehrgeizes erreichten, noch während sie sich auf den ersten Stufen abmühten, das Leben lassen, manchen wurde, als sie sich zu höchster Würde unter tausendfacher Entwürdigung hochgearbeitet hatten, deprimierend bewußt, daß sie sich nur für ihre Grabschrift geplagt hatten. Manche ließ ihr hohes Alter, während sie es, als wären sie noch jung, für neue Hoffnungen verplanten, bei großen und maßlosen Vorhaben kraftlos im Stich. *(Die Kürze des Lebens 20)*

Fremdbestimmt

Alle Geschäftigen befinden sich in einer üblen Lage, am übelsten aber sind die dran, die sich nicht einmal mit eigenen Geschäften plagen, sondern nur, wenn ein anderer schläft, auch schlafen und nach eines anderen Tritt die Füße setzen. Sogar Liebe und Haß, was sich am allerwenigsten erzwingen läßt, wird ihnen anbefohlen. Sollten solche Leute wissen wollen, wie kurz ihr eigenes Leben sei, müssen sie überlegen, zu welchem Teil es das ihre ist.

(Die Kürze des Lebens 20)

Hoffen und Harren ...

Niemals wird es im Glück oder im Unglück keinen Grund zur Besorgnis geben. Unter Belastungen wird man durchs Leben gestoßen, nie hat man Muße, immer wünscht man sie.

Währenddessen achtet man nicht auf die unwiederbringlich vergehende Zeit; neue Beanspruchungen treten an die Stelle der alten, Hoffnung weckt Hoffnung, Ehrgeiz der Ehrgeiz. Man sucht nicht dem Elend ein Ende zu machen, es wechseln nur seine Gründe. *(Die Kürze des Lebens 17)*

Die Angst der Genießer

Ja, sogar die Freuden derartiger Leute sind angsterfüllt! Sie haben nämlich keinen festen Grund, sondern werden infolge derselben Einbildungen, aus denen sie erwachsen, auch getrübt. Wie beschaffen sind dann aber erst die Zeiten, die nach ihrem eigenen Eingeständnis leidvoll sind, wenn schon auf die, in denen sie sich brüsten und über Menschenmaß erheben, zu wenig Verlaß ist?

Gerade die herrlichsten Gaben des Schicksals schaffen Unruhe, und keinem Glück darf man weniger fest trauen als dem allergrößten.
Weitere Erfolge sind nötig, um den Erfolg zu sichern, und gerade wenn Gebete erhört wurden, muß man beten. Alles nämlich, was von ungefähr kommt, hat keinen Bestand; je höher es sich erhebt, um so näher ist es seinem Untergang. Nun freut aber niemanden, was vergehen wird; demnach müssen zwangsläufig die ein ganz beklagenswertes, nicht nur ein äußerst kurzes Leben führen, die sich mit großer Pla-

ge das verschaffen, was sie sich mit noch größerer erhalten. Mühsam erlangen sie, was sie sich wünschen; ängstlich umklammern sie, was sie erlangten.

Gerade im Genuß sind sie hektisch und wegen unterschiedlicher Ängste voll Unruhe, und auf dem Höhepunkt der Lust drängt sich ihnen die bange Frage auf: »Wie lange noch?« *(Die Kürze des Lebens 17)*

Übereifer und Freizeitstreß

Vermutlich möchtest du wissen, wen ich als ›vielbeschäftigt‹ bezeichne. Nun, du brauchst nicht zu glauben, daß ich nur die so nenne, die man aus dem Gerichtssaal erst hinauswerfen kann, wenn man Hunde auf sie hetzt, die entweder inmitten ihres eigenen Klientenschwarms fortgedrängt werden, was immerhin Aufsehen macht, oder im Gefolge eines anderen, was eher Schande bringt, dazu Leute, die ihre Verpflichtungen aus dem Haus treiben, damit sie an fremde Türen klopfen, und solche, die eine vom Prätor anberaumte Auktion in Atem hält, aus schnöder Profitgier, die sie eines Tages zerfrißt – nein: Bei manchen Leuten ist auch die Freizeit von Geschäftigkeit erfüllt. Auf ihrem Landgut oder gar im Bett, in tiefster Einsamkeit, lassen sie, obwohl sie sich von allem zurückgezogen haben, sich selbst keine Ruhe. Ihr Leben kann man nicht ›müßig‹ nennen, sondern nur ›müßige Betriebsamkeit‹.

(Die Kürze des Lebens 12)

Die einzeln aufzuzählen ginge zu weit, denen entweder der Spieltisch oder der Sportplatz oder das Bedürfnis, in der Sonne zu schmoren, das Leben unnütz verrinnen ließen!

Auch die leben nicht in Muße, deren Vergnügen viel Unmuße mit sich bringt. *(Die Kürze des Lebens 13)*

Macht's etwa solchen Spaß, im Streß zu sterben?

Dieselbe Einstellung findet man bei den meisten. Länger haben sie Verlangen nach Arbeit als die Befähigung dazu. Sie kämpfen gegen ihre physische Schwäche an und halten das Alter nur aus dem einen Grund für beschwerlich, weil es sie in Pension schickt. Nach dem Gesetz wird man vom fünfzigsten Lebensjahr an nicht mehr zum Militär eingezogen, ab dem sechzigsten nicht mehr in den Senat berufen. Schwerer erwirken die Menschen von sich selbst den Ruhestand als vom Gesetz. *(Die Kürze des Lebens 20)*

Langes Dasein

Du hast also keinen Grund, von jemand wegen seiner grauen Haare oder Runzeln anzunehmen, er habe lange gelebt. Nicht lange gelebt hat er, sondern er war lange vorhanden. Das wäre so, als ob du von jemandem glaubtest, er habe eine lange Seereise unternommen, den ein wütender Sturm gleich nach der Ausfahrt aus dem Hafen erfaßte, da- und dorthin verschlug und im Wechselspiel der Winde, die sich von verschiedenen Seiten auf ihn stürzten, stets auf derselben Bahn im Kreise jagte. Der Mann ist nicht viel gefahren, sondern viel herumgetrieben worden.

(Die Kürze des Lebens 8)

... erst wenn es zu spät ist

Schließlich möchtest du wissen, wie wenig lang Beschäftigte nur leben? Schau, wie sie sich sehnen, lang zu leben! Tattergreise bitten und betteln um eine Zulage weniger Jahre. Sie tun, als wären sie jünger, sie lügen sich in die eigene Tasche und machen sich so gern etwas vor, als wenn sie gleichzeitig das Schicksal austricksen könnten.

Dann aber, wenn sie irgendein Schwächeanfall an ihre Vergänglichkeit erinnert, wie angstvoll sterben sie da, als ob sie nicht aus dem Leben schieden, sondern herausgerissen würden. Dumm seien sie gewesen, daß sie nicht gelebt hätten, jammern sie, und falls sie diese Krankheit überstünden, würden sie in Muße leben. Dann denken sie daran, wie sie umsonst herangeschafft hätten, was sie nicht mehr genießen könnten, wie ihre ganze Mühe vergebens gewesen sei.

(Die Kürze des Lebens 11)

Gib acht!

Erfülltes Leben

Doch jenen, die ihr Leben fern von jeder Obliegenheit verbringen, wie sollte es denen nicht lang sein? Nichts davon wird anderen überlassen, nichts da- und dorthin verschleudert, nichts davon dem Schicksal ausgeliefert, nichts geht durch Gedankenlosigkeit verloren, nichts wird großzügig verschenkt, nichts ist überflüssig. Als Ganzes, wenn ich so sagen darf, steht es auf der Habenseite. Mag es auch noch so kurz sein, es ist genug und übergenug, und deshalb wird der Weise, wann immer der letzte Tag da ist, ohne Zögern dem Tod mit festem Schritt entgegengehen.

(Die Kürze des Lebens 11)

Ich lebe der Natur gemäß, wenn ich mich ihr ganz widme, wenn ich ihr Bewunderer und Verehrer bin. Die Natur wollte ja, daß ich beides tue: daß ich tätig bin und mir Muße für die Betrachtung gönne. Ich aber tue beides, denn selbst die reine Betrachtung ist nicht gleichzusetzen mit Untätigkeit.

Es macht aber, so meinst du, viel aus, ob man sich ihr nur widmet, um dabei einen Lustgewinn zu erzielen, und nichts anderes im Sinn hat als ständige Betrachtung ohne Ende. Dergleichen ist ja verlockend und hat seinen Reiz. – Dagegen erwidere ich dir: Es macht gleichermaßen viel aus, in welcher Einstellung man sein Leben als Staatsbürger verbringt, ob man stets gehetzt ist und sich nie Zeit nimmt, den Blick vom Irdischen zum Göttlichen zu erheben. Besitzstreben ohne Verlangen nach höheren Werten und ohne Pflege des Geistigen sowie bloßer Tätigkeitsdrang sind ganz und gar nicht zu billigen (beides muß sich nämlich verbinden und durchdringen); andererseits ist es aber ein unvollkommenes und fragwürdiges Glück, wenn sich Tüchtigkeit träger Muße hingibt und nie zeigt, was sie gelernt hat. Wer will bestreiten, daß sie ihre Fortschritte im Handeln erproben und nicht nur darüber nachdenken sollte, was zu tun sei, sondern gelegentlich auch Hand anlegen und das Überdachte verwirklichen muß? *(Die Zurückgezogenheit 5 f.)*

Glücklich ist ein Leben, das seiner natürlichen Bestimmung entspricht. Das kann uns aber nur zuteil werden, wenn zuerst der Geist gesund und sich dieser Gesundheit auf Dauer sicher, wenn er ferner tapfer und dynamisch, sodann in edelster Weise leidensfähig und mißlichen Umständen gewachsen ist, wenn er sich um den Leib und was damit zu tun hat, sorgt, doch nicht angstvoll, und wenn er die anderen Dinge, die das Leben angenehm machen, zu schätzen weiß, ohne doch sein Herz an etwas davon zu hängen, und wenn er bereit ist, die Gaben des Glücks zu genießen, ohne ihnen zu frönen.

Du siehst ein, auch wenn ich dich nicht darauf hinweise, daß beständiger Seelenfrieden auf solche Freiheit folgt, sobald wir uns dessen entledigt haben, was uns lockt oder schreckt. Denn statt jenen Lustgefühlen, die nichtig und flüchtig sind und gerade durch ihre Verwerflichkeit schaden, stellt sich eine ungeheure stille Freude ein, die völlig unerschütterlich ist, dazu Gemütsruhe, innere Ausgeglichenheit und Seelengröße zusammen mit Sanftmut. Nur der Schwäche entstammt nämlich jede Gewalttätigkeit.

(Das glückliche Leben 3)

Sieh nur auf dich!

Nicht verführen lasse sich ein Mann von Äußerlichem und nicht bezwingen; er sehe nur auf sich selbst, vertraue auf sich und sei auf beides, auf Gutes und Schlechtes, vorbereitet – kurz, er soll sein Leben meistern; sein Selbstvertrauen sei nicht ohne Einsicht, seine Einsicht nicht ohne Beständigkeit. Von Dauer sei, wofür er sich einmal entschied, und bei seinen Entscheidungen darf es keine Retuschen geben. Es versteht sich, auch wenn ich es nicht noch hinzufüge, daß ein solcher Mann mit sich völlig im reinen ist und in allem, was er tut, zugleich freundlich und großmütig.

Auf diese Weise entsteht eine starke einheitliche Kraft, und jene verläßliche Denkweise entwickelt sich, die sich nicht in Zweifel zieht und nicht in Vermutungen und Annahmen verheddert, auch nicht im Vorurteil. Wenn diese erst Gestalt gewonnen, in ihren Teilbereichen Übereinstimmung erzielt und, wenn ich so sagen darf, zur Harmonie gefunden hat, dann hat sie das höchste Gut erreicht. Nichts Falsches, nichts Unberechenbares bleibt mehr übrig, nichts, woran sie Anstoß nehmen oder wo sie straucheln könnte. Alles wird sie tun nach eigener Weisung, und nichts Unverhofftes wird ihr begegnen. Was immer geschieht, wird zum Guten ausschlagen, und zwar leicht und schnell und ohne daß der handelnde Mensch unschlüssig würde; denn Entschlußlosigkeit und Zaudern weist auf innere Konflikte und Inkonsequenz. Darum darf man unumwunden erklären, das höchste Gut sei die seelische Harmonie.

Gute Eigenschaften sind nämlich notwendigerweise dort daheim, wo Übereinstimmung und Einigkeit herrschen; im Widerstreit liegen die Laster. *(Das glückliche Leben 8)*

Erkenne dich selbst!

Was ist der Mensch? Bei jedem Stoß geht er, ein irdener Topf, bei jedem Schlag in Scherben. Es bedarf keines großen Sturmes, um dir den Garaus zu machen: Wo du auch anrennst, zerschellst du!

Was ist der Mensch? Ein schwaches, hinfälliges Wesen, nackt, ohne natürliche Waffen, auf fremde Hilfe angewiesen, allen Launen des Schicksals ausgeliefert. Selbst wenn er seine Muskeln gut trainiert hat, fällt er jedem Raubtier zum Opfer, dient jedem zum Fraß.

Aus minderwertigem, vergänglichem Stoff gefügt und nur äußerlich ganz hübsch anzusehen, vermag er Kälte, Hitze und Mühsal nicht zu ertragen; rastet er hinwiederum, so rostet er und verkommt. Seine Ernährung macht ihm Sorgen: leidet er Mangel, so geht er zugrunde, hat er zuviel, dann platzt er gar! Man muß ihn ängstlich hegen und pflegen, denn sein bißchen Leben hängt an einem seidenen Faden; schon ein unerwarteter, für seine Ohren zu lauter Knall kann es beenden. So ist er sich selber die Ursache ständiger Ängste, voller Fehler und zu nichts zu gebrauchen. Muß man sich bei diesem Wesen wundern, wenn es stirbt, da ihm schon ein Schluckauf den Tod bringt? Kostet es denn besondere Mühe, es zu erledigen? Schon was es riecht, was es schmeckt, dazu Erschöpfung und Schlaflosigkeit sowie Speise und Trank und alles, ohne das es nicht leben kann, vermögen es zu töten!
Überall, wohin es sich wendet, wird es sich sogleich seiner Schwäche bewußt, verträgt nicht jedes Klima, wird infolge ungewohnten Wassers oder beim Wehen eines fremden Windes, bei den geringfügigsten Anlässen und Unannehmlichkeiten krank und matt und siech.

Mit Weinen hat es sein Leben begonnen, und doch – was für Wirbel macht dieses verächtliche Wesen, zu welchen Gedanken versteigt es sich, ohne an seine wirkliche Lage zu denken!

Unsterbliches, Ewiges bewegt es im Herzen und plant für Enkel und Urenkel, während es bei langwierigen Projekten der Tod überrascht. Sogar das, was man als hohes Alter bezeichnet, umfaßt nur ganz wenige Jahre.

(Trostschrift für Marcia 11)

Illusionen

Eigene Leichtgläubigkeit täuscht einen jeden und das Bestreben, bei dem, was man liebt, nicht an dessen Vergänglichkeit zu denken.

Die Natur hat stets bekundet, daß sie niemandem das Unvermeidliche erlassen werde. Täglich ziehen vor unseren Augen Leichenbegängnisse Bekannter und Unbekannter vorüber. Trotzdem achten wir nicht darauf und halten das für etwas Überraschendes, was uns während des ganzen Lebens als künftig angekündigt wird. Es geht also dabei nicht um eine Ungerechtigkeit des Schicksals, sondern um eine Schwäche des Menschenherzens, das in allem unersättlich ist, das sich entrüstet, wenn es das verliert, was ihm auf Widerruf gewährt worden war. *(Trostschrift für Polybius 11)*

Gerüstet für den Ernstfall

Ein jeder, der ins Leben entlassen wird, ist dem Tod bestimmt.

Freuen wir uns also über das, was wir bekommen, und geben wir es zurück, wenn es uns abverlangt wird!

Jeden ereilt sein Geschick zu einer anderen Zeit, niemanden läßt es aus. Für den Ernstfall sei das Herz gerüstet; es fürchte nie, was unvermeidlich, und sei stets auf das gefaßt, was ungewiß ist. *(Trostschrift für Polybius II)*

Worte des Heils

Siehe, laut erhebt der größte Dichter seine Stimme und, wie von göttlichem Schauer erfaßt, verkündet er Worte des Heils:

Stets die schönsten Tage im Leben entfliehen den armen Sterblichen zuerst.
»Warum zauderst du?« fragt er, »warum tust du nichts? Wenn du sie nicht festhältst, entfliehen sie!« Doch auch wenn du sie festhältst, werden sie trotzdem entfliehen. Daher muß man gegen den schnellen Lauf der Zeit durch raschen Gebrauch ankämpfen und wie aus einem reißenden Gießbach, der nicht ständig fließen wird, geschwind trinken.

Auch das paßt herrlich, um endloses Plänemachen anzuprangern, wenn der Dichter nicht von der schönsten Lebenszeit, sondern vom schönsten Tag spricht. Was läßt du sorglos und, obschon die Zeit so rasch enteilt, gemächlich die Monate und Jahre in langer Reihe vor dir ausschwärmen, wie immer es dir in deiner Begehrlichkeit gut dünkt? Von einem Tag spricht mit dir der Dichter, und zwar von einem, der entflieht. Ist es etwa zu bezweifeln, daß stets die schönsten Tage den Sterblichen entfliehen, den armen – das heißt, den Vielbeschäftigten, deren noch kindliche Gemüter das Alter überrascht, in das sie unvorbereitet und ungerüstet gelangen; sie haben ja dafür nicht vorgesorgt! Plötzlich und unversehens sind sie hineingeraten – daß es täglich näher kam, spürten sie nicht. *(Die Kürze des Lebens 9)*

Übersicht über die ausgewählten Stellen

Die lateinischen Texte und die zugeordneten Übersetzungen sind – mit ganz geringfügigen Veränderungen und Verbesserungen – der im Artemis-Verlag erschienenen Gesamtausgabe der Essays entnommen:
L. Annaeus Seneca, *Die kleinen Dialoge, Band I und II*, lateinisch-deutsch herausgegeben, übersetzt und mit einer Einführung versehen von Gerhard Fink (Sammlung Tusculum, Artemis & Winkler, München 1992)
Die Seitenhinweise in Klammern beziehen sich auf die vorliegende Ausgabe.

Stichwortregister

Die Stichwörter verweisen auf die deutsche Übersetzung der ausgewählten Stellen!

Zu dieser Ausgabe

insel taschenbuch 1940: Seneca für Gestreßte. Der Text folgt der Ausgabe: Seneca für Gestreßte. Ausgewählt von Gerhard Fink. Artemis Verlags-AG, Zürich 1993. (Im Insel Verlag Frankfurt am Main und Leipzig 1995 als Insel-Clip 5 erschienen.) Umschlagabbildung: Japack/Bavaria

Lektüre für Gestreßte
im insel taschenbuch

Buddha für Gestreßte. Ausgewählt von Ursula Gräfe. it 2594. 144 Seiten

Goethe für Gestreßte. Ausgewählt von Walter Hinck. it 1900. 144 Seiten

Hesse für Gestreßte. Ausgewählt von Volker Michels. it 2538. 200 Seiten

Karl Kraus für Gestreßte. Ausgewählt von Christian Wagenknecht. it 2190. 144 Seiten

Kierkegaard für Gestreßte. Ausgewählt von Johan de Mylius. it 2661. 128 Seiten

Nietzsche für Gestreßte. Ausgewählt von Ursula Michels-Wenz. it 1928. 112 Seiten

Novalis für Gestreßte. Ausgewählt von Ursula Michels-Wenz. it 2704. 160 Seiten

Platon für Gestreßte. Ausgewählt von Michael Schroeder. it 2189. 112 Seiten

Rilke für Gestreßte. Ausgewählt von Vera Hauschild. it 2191. 112 Seiten

Schopenhauer für Gestreßte. Ausgewählt von Ursula Michels-Wenz. it 2504. 125 Seiten

Seneca für Gestreßte. Ausgewählt von Gerhard Fink. it 1940. 112 Seiten

NF 8/1/2.00

Philosophie im insel taschenbuch
Eine Auswahl

Augustinus. Bekenntnisse. it 1002. 1046 Seiten

Augustinus. Liebe und tu, was du willst. Ausgewählt von Michael Treberian. Großdruck. it 2382. 90 Seiten

Boethius. Trost der Philosophie. Zweisprachige Ausgabe. Übersetzt von Ernst Neiztke. Mit einem Vorwort von Ernst Ludwig Grasmück. it 1215. 344 Seiten

Epiktet. Wege zum glücklichen Handeln. Übersetzt von Wilhelm Capelle. it 1458. 221 Seiten

Epikur. Philosophie der Freude. Hauptlehrsätze. Spruchsammlung. Fragmente. Übertragen und mit einem Nachwort versehen von Paul M. Laskowsky. it 1057. 121 Seiten

Kant-Brevier. Ein philosophisches Lesebuch für freie Minuten. it 61. 230 Seiten

Georg Christoph Lichtenberg
- Aphorismen. In einer Auswahl. Herausgegeben und mit einem Nachwort versehen von Kurt Batt. it 165. 316 Seiten
- Krokodile im Stadtgraben. Sudelsprüche und Schmierbuchnotizen. Ausgewählt und mit Zeichnungen versehen von Robert Gernhardt. it 2595. 321 Seiten
- Lichtenbergs Funkenflug der Vernunft. Herausgegeben von Jörg-Dieter Kogel, Wolfram Schütte und Harro Zimmermann. it 1414. 128 Seiten

NF 43/1/8.00

- Sudelbücher. Herausgegeben von Franz H. Mautner. Mit einem Nachwort, Anmerkungen zum Text, einer Konkordanz der Aphorismen-Nummern und einer Zeittafel. it 792. 683 Seiten

Michel de Montaigne. Essais. Herausgegeben und mit einem Nachwort versehen von Ralph-Rainer Wuthenow. Revidierte Fassung der Übertragung von Johann Joachim Bode. it 220. 307 Seiten

Friedrich Nietzsche
- Also sprach Zarathustra. Ein Buch für Alle und Keinen. Thomas Mann: Die Philosophie Nietzsches im Lichte unserer Erfahrung. it 145. 368 Seiten
- Der Antichrist. Versuch einer Kritik des Christentums. it 947. 126 Seiten
- Briefe. Ausgewählt von Richard Oehler. Mit einem Essay von Ralph-Rainer Wuthenow. it 1546. 412 Seiten
- Ecce homo. Mit einem Vorwort von Raoul Richter und einem Nachwort von Ralph-Rainer Wuthenow. it 290. 164 Seiten
- Die fröhliche Wissenschaft. Mit einem Nachwort von Ralph-Rainer Wuthenow. it 635. 318 Seiten
- Die Geburt der Tragödie aus dem Geiste der Musik. Mit einem Nachwort von Peter Sloterdijk. it 1012. 219 Seiten
- Gedichte. Nach den Erstdrucken 1878 bis 1908. Herausgegeben von Ralph Kray und Karl Riha. it 1622. 162 Seiten
- Götzen-Dämmerung oder Wie man mit dem Hammer philosophiert. Herausgegeben von Karl Schlechta. it 822. 123 Seiten
- Jenseits von Gut und Böse. Mit der Streitschrift ›Zur Genealogie der Moral‹ und einem Nachwort von Ralph-Rainer Wuthenow. it 762. 391 Seiten

NF 43/2/8.00

- Menschliches, Allzumenschliches. Ein Buch für freie Geister. Mit einem Nachwort von Ralph-Rainer Wuthenow. it 614. 611 Seiten
- Morgenröte. Gedanken über die moralischen Vorurteile Mit einem Nachwort von Ralph-Rainer Wuthenow. it 678. 319 Seiten
- Nietzsche für Gestreßte. Vorgestellt von Ursula Michels-Wenz. it 1928. 106 Seiten
- Über die Frauen. Herausgegeben und mit einem Nachwort versehen von Klaus Goch. it 1335. 320 Seiten
- Unzeitgemäße Betrachtungen. Mit einem Nachwort von Ralph-Rainer Wuthenow. it 509. 387 Seiten
- Vom Nutzen und Nachteil der Historie für das Leben. it 1236. 129 Seiten
- Wie man wird, was man ist. Ermutigungen zum kritischen Denken. Herausgegeben von Ursula Michels-Wenz. it 1096. 309 Seiten
- Zur Genealogie der Moral. Eine Streitschrift. it 1308. 157 Seiten

Friedrich Nietzsche. Leben · Schriften · Zeugnisse. Von Ralph-Rainer Wuthenow. Mit zahlreichen Abbildungen. it 2601. 172 Seiten

Blaise Pascal. Alle Menschen trachten danach, glücklich zu sein. Aus den »Pensées«. Herausgegeben von Wilhelm Weischedel. it 1968. 120 Seiten

Platon. Sämtliche Werke in zehn Bänden. Griechisch und deutsch. Nach der Übersetzung von Friedrich Schleiermacher, ergänzt durch Übersetzungen von Franz Susemihl und anderen. Herausgegeben von Karlheinz Hülser. it 1401-1410 in Kassette. 5475 Seiten

NF 43/3/8.00

Platon für Gestreßte. Ausgewählt von Michael Schroeder. it 2189. 110 Seiten

Platons Mythen. Ausgewählt und eingeleitet von Bernhard Kytzler. it 1978. 224 Seiten

Platon. Das Trinkgelage oder Über den Eros. Übertragung, Nachwort und Erläuterungen von Ute Schmidt-Berger. Mit einer Wirkungsgeschichte von Jochen Schmidt und griechischen Vasenbildern. it 681. 225 Seiten

Jean-Jacques Rousseau. Bekenntnisse. Übersetzt von Ernst Hardt. Mit einer Einführung von Werner Krauss. it 823. 917 Seiten

Arthur Schopenhauer
- Aphorismen zur Lebensweisheit. Vollständige Ausgabe mit Erläuterungen und Übersetzung der fremdsprachlichen Zitate. Mit einem Nachwort von Hermann von Braunbehrens. it 223. 272 Seiten
- Kleines Schopenhauer-Brevier. Gedanken aus dem handschriftlichen Nachlaß. Auswahl und Nachwort von Rudolf Malter. 285 Seiten. Pappband
- Die Kunst, Recht zu behalten. In achtunddreißig Kunstgriffen dargestellt. Herausgegeben von Franco Volpi. it 1658. 128 Seiten
- Wege zum Glück. Erkenntnisse zur Lebensbewältigung. Ausgewählt von Ursula Michels-Wenz. it 2171. 382 Seiten
- Die Welt als Wille und Vorstellung. Textkritisch bearbeitet und herausgegeben von Wolfgang Freiherr von Löhneysen. Zwei Bände. it 1873. 2656 Seiten
- Schopenhauer für Gestreßte. Ausgewählt von Ursula Michels-Wenz. it 2504. 126 Seiten

NF 43/4/8.00

Arthur Schopenhauer. Leben und Werk in Texten und Bildern. Von Angelika Hübscher. it 1059. 368 Seiten

Seneca
- Seneca für Gestreßte. Ausgewählt von Gerhard Fink. it 1940. 102 Seiten
- Seneca für Manager. Sentenzen. Ausgewählt und übersetzt von Gerhard Schoeck. it 1656. 120 Seiten
- Vom glücklichen Leben. Übersetzt von Heinz Berthold. it 1457. 205 Seiten
- Von der Seelenruhe. Philosophische Schriften und Briefe. Herausgegeben und übersetzt von Heinz Berthold. it 743. 430 Seiten

Voltaire. Candide oder der Optimismus. Mit Zeichnungen von Paul Klee. it 11. 192 Seiten

Voltaire. Sämtliche Romane und Erzählungen. Mit einer Einleitung von Victor Klemperer und Stichen von Moreau le Jeune. Übersetzt von Ilse Lehmann. it 209. 489 Seiten

Voltaire. Leben und Werk in Texten und Bildern. Von Horst Günther. it 1652. 129 Seiten

NF 43/5/8.00

Griechische und römische Antike im insel taschenbuch Eine Auswahl

Catull. Sämtliche Gedichte. Lateinisch und deutsch. Übersetzt von Carl Fischer. Nachwort von Bernhard Kytzler. it 1736. 286 Seiten

Cicero für Juristen. Herausgegeben von Karl-Wilhelm Weeber. it 2542. 120 Seiten

Epiktet. Wege zum glücklichen Handeln. Übersetzt von Wilhelm Capelle. it 1458. 221 Seiten

Epikur. Philosophie der Freude. Übersetzung und Nachwort von Paul M. Laskowsky. it 1057. 121 Seiten

Euripides. Bakchen. Übersetzt von Kurt Steinmann. it 2537. 128 Seiten

Hippokrates. Der Eid des Arztes. Griechisch und deutsch. Übersetzt und herausgegeben von Kurt Steinmann. it 781. 475 Seiten

Homer. Ilias. Übersetzt von Wolfgang Schadewaldt Mit 12 Bildtafeln. it 153. 432 Seiten

Homer. Ilias. Odyssee. Übersetzt von Johann Heinrich Voß. it 1204. 851 Seiten

Horaz. Oden. Lateinisch und deutsch. Auswahl von Winfried Tilmann. it 1418. 201 Seiten

NF 30/1/5.00

Marc Aurel. Selbstbetrachtungen. Übersetzt von Otto Kiefer. it 1374. 202 Seiten

Martial. Epigramme. Übersetzt und herausgegeben von Walter Hofmann. it 2649. 778 Seiten

Ovid. Liebeskunst. Übersetzt von W. Hertzberg. Bearbeitet von Franz Burger-München. it 164. 112 Seiten

Ovid. Lieder der Trauer. Die Tristien des Publius Ovidius Naso. Übersetzt und herausgegeben von Volker Ebersbach. it 1987. 220 Seiten

Ovid. Metamorphosen. Übersetzt von Johann Heinrich Voß. Mit Radierungen von Pablo Picasso. it 1237. 377 Seiten

Ovid für Verliebte. Übersetzung und Auswahl von Karl-Wilhelm Weeber. it 2269. 119 Seiten

Platon. Sämtliche Werke in zehn Bänden. Griechisch und deutsch. Übersetzt von Friedrich Schleiermacher. Herausgegeben von Karlheinz Hülser. it 1401-1410. 5475 Seiten. Einzeln und in Kassette lieferbar

Platon. Das Trinkgelage oder Über den Eros. Übertragung und Nachwort von Ute Schmidt-Berger. it 681. 225 Seiten

Platon für Gestreßte. Ausgewählt von Michael Schroeder. it 2189. 110 Seiten

Platons Mythen. Auswahl und Einleitung von Bernhard Kytzler. it 1978. 224 Seiten

Sappho. Strophen und Verse. Übersetzt und herausgegeben von Joachim Schickel. it 309. 99 Seiten

NF 30/2/5.00

Seneca für Gestreßte. Auswahl von Gerhard Fink.
it 1940. 102 Seiten

Seneca. Vom glücklichen Leben. Übersetzt von Heinz Berthold. it 1457. 205 Seiten

Seneca. Von der Seelenruhe. Philosophische Schriften und Briefe. Herausgegeben von Heinz Berthold. it 743. 430 Seiten

Seneca für Manager. Übersetzung und Auswahl von Gerhard Schoeck. it 1656. 120 Seiten

Sokrates antwortet. Anekdoten aus der Antike. Herausgegeben von Alexander Demandt. it 2376. 170 Seiten

Sokrates im Supermarkt. Streiflichter aus der Antike
Von Klaus Bartels. it 2658. 270 Seiten

Sophokles. Aias. Übersetzt von Wolfgang Schadewaldt
Herausgegeben von Hellmut Flashar. it 1562. 130 Seiten

Sophokles. Antigone. Übersetzt und herausgegeben von Wolfgang Schadewaldt. it 70. 152 Seiten

Sophokles. Elektra. Übersetzt von Wolfgang Schadewaldt. Herausgegeben von Hellmut Flashar. Mit Abbildungen. it 1616. 160 Seiten

Sophokles. Die Frauen von Trachis. Übersetzt von Wolfgang Schadewadt. Herausgegeben von Hellmut Flashar
it 2602. 104 Seiten

Sophokles. Konig Ödipus. Übersetzt und herausgegeben von Wolfgang Schadewaldt. it 15. 141 Seiten

NF 30/3/5.00